글 요하네스 포크트

독일 베를린에 살면서 박물관 전시 디자이너로 활동해요. 어렸을 때 타잔을
따라하다가 팔을 부러뜨린 경험이 있어요. 우리 몸에서 일어나는 치유 과정을 알고
싶어서 이 책을 썼어요.

그림 펠리치타스 호르스체퍼

출판사에서 삽화가로 일해요. 독일 뮌스터에서 디자인을 공부했고 글 작가인
요하네스 포크트와 함께 아동 도서를 만들어요.

옮김 신동경

서울대학교 독어교육과를 졸업하고 한신대학교 신학대학원에서 공부했어요.
어린이책을 쓰고 번역하는 일을 해요. 쓴 책으로는 《단위가 사라졌다》, 《나는
138억 살》 등이 있고 옮긴 책으로는 《손은 똑똑해》, 《이토록 불편한 고기》 등이 있어요.

감수 류정민

서울아산병원 소아전문응급센터에서 실장으로 일하며 순간적인 실수나 대처로
어려움을 겪는 아이들과 부모를 돕기 위해 병원 안팎에서 최선을 다하고 있어요.
쓴 책으로는 《육아 상담소 응급》이 있으며, 〈구급 대장 베니와 함께하는 삐뽀삐뽀
119 어린이 안전 교실(전6권)〉, 〈의사 어벤저스〉 시리즈 등을 감수했어요.

위풍당당 어린이 실전 교양 03

아야! 다쳤어요 알고 나면 왠지 덜 아픈 생활 속 어린이 의학

초판1쇄 발행 2023년 1월 13일
초판2쇄 발행 2024년 6월 28일

글 요하네스 포크트 | **그림** 펠리치타스 호르스체퍼 | **옮김** 신동경 | **감수** 류정민
편집 정윤경·김채은 | **디자인** 천지연 | **제작** 박천복 김태근 고형서 | **마케팅** 윤병일 유현우 송시은
펴낸이 김경택 | **펴낸곳** ㈜그레이트북스 | **등록** 2003년 9월 19일 제313-2003-000311호
주소 서울시 구로구 디지털로31길 20 에이스테크노타워5차 12층
대표번호 02-6711-8673 | **홈페이지** www.greatbooks.co.kr

ISBN 978-89-271-0721-7 74330
978-89-271-0586-2 (세트)

AUA! Ein Buch über den Körper, Verletzungen und Gesundwerden
by Felicitas Horstschäfer and Johannes Vogt
ⓒ 2022 Beltz & Gelberg in the publishing group Beltz -Weinheim Basel
Korean Translation ⓒ 2023 Greatbooks, Inc.
All rights reserved.
The Korean language edition published by arrangement with
Verlagsgruppe Beltz through MOMO Agency, Seoul.

이 책의 한국어판 저작권은 모모 에이전시를 통해 Verlagsgruppe Beltz사와 독점 계약한 ㈜그레이트북스에 있습니다.
저작권법에 의해 한국 내에서 보호를 받는 저작물이므로 무단전재와 무단복제를 금합니다.

KC마크는 이 제품이 공통안전기준에 적합하였음을 의미합니다.
제조국: 한국 | 사용연령: 4세 이상
⚠ 책장에 손이 베이거나 책 모서리에 다치지 않게 주의하세요.

알고 나면 왠지 덜 아픈 생활 속 어린이 의학

요하네스 포크트 글
펠리치타스 호르스체퍼 그림
신동경 옮김
류정민 감수

어떻게 나을까요?

우리 몸은 아주 특별한 일을 해요.

스스로 치료하는 거죠. 정말 다행이지 뭐예요. 안 그러면 우리가 어떻게 보일지 상상해 보세요. 긁힌 자국, 피를 흘렸던 상처, 부러진 뼈가 그대로 남아 있을 테니 걸어 다니는 좀비나 미라처럼 보일 거예요!

우리 몸은 여기저기 고치느라 늘 바빠요.

우리가 다치면, 그 즉시 몸이 팔을 걷어붙이고 나서요. 피를 멈추게 하고, 상처를 아물게 하고, 부러진 뼈를 다시 붙여요. 이 모든 일을 혼자 알아서 한다니 놀랍죠! 우리 몸이 어떻게 그렇게 하는지 정확히 모르는 부분도 있어요. 확실한 건 우리 몸이 이 일을 아주 잘한다는 거죠.

우리 몸이 하는 걸 지켜보면서 가끔 상처를 깨끗하게 씻거나 휴식을 해서 도와주기만 하면 돼요.

아주 가끔 의사의 도움을 받아야 할 때도 있어요. 예를 들어, 찢어진 상처가 너무 크면 의사한테 꿰매 달라고 해야 하지요. 부러진 다리를 제대로 고치려면 깁스를 해야 하고요.

아마 여러분도 다친 적이 있을 거예요.

이 책을 보면서 "어, 나도 이렇게 다쳤었는데." 하고 말할지도 몰라요. 비슷하긴 한데 여러분이 입었던 상처가 더 심하거나 가벼웠을 수도 있고요. 이 책을 한 장씩 넘기면서 어떻게 다칠 수 있는지, 그럴 때 우리 몸이 어떻게 하는지 잘 살펴보세요.

차례

피부가 벗겨졌어요 ··· 9

삐었어요 ··· 17

칼에 베였어요 ·· 25

뼈가 부러졌어요 ··· 33

시퍼렇게 변했어요 ·· 41

이가 빠졌어요 ·· 49

머리를 부딪쳤어요 ·· 57

살갗이 따가워요 ··· 65

얼마나 심하게 다친 걸까요? ·························· 73

피부가 벗겨졌어요

아야! 저런, 피부가 벗겨졌군요.
찰과상을 입으면 살갗이 화끈거리고 빨갛게 변해요.
핏방울이 송골송골 맺혔다가 흐르지요.
지저분한 먼지도 잔뜩 묻어요.
상처가 욱신거리는 게 진짜 아프죠.

우리 몸에 무슨 일이 생긴 걸까요?

찰과상이 아픈 건 피부의 가장 바깥층(표피)이 벗겨져서
표피 아래층(진피)에 있는 예민한 신경 종말이 드러났기 때문이에요.
신경 종말은 신경 섬유의 끝부분으로 공기나 액체에 직접 닿으면 자극을
받아 통증을 느껴요. 찰과상은 심각한 부상은 아니지만, 상처 부위가 넓어서
수많은 신경 세포가 계속 뇌로 신호를 보내기 때문에 아픈 거랍니다. 피와
진물은 피부가 벗겨지면서 손상된 혈관에서 나와요.

피부의 구조

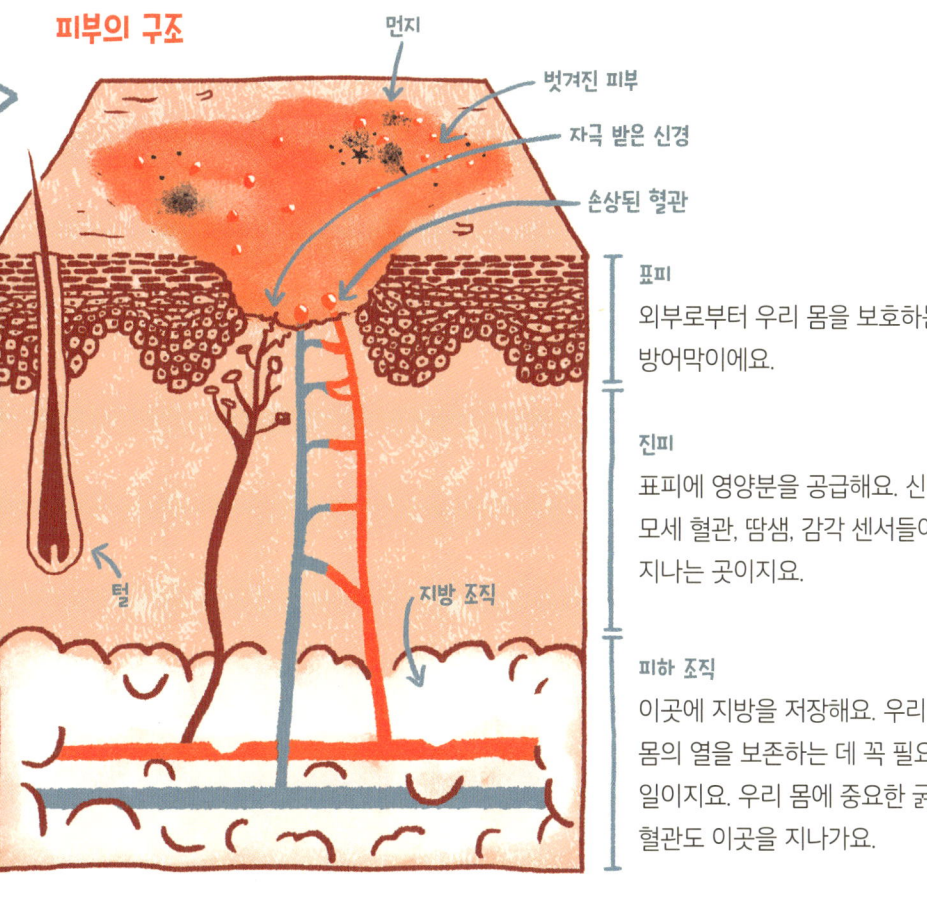

먼지
벗겨진 피부
자극 받은 신경
손상된 혈관
털
지방 조직

표피
외부로부터 우리 몸을 보호하는
방어막이에요.

진피
표피에 영양분을 공급해요. 신경,
모세 혈관, 땀샘, 감각 센서들이
지나는 곳이지요.

피하 조직
이곳에 지방을 저장해요. 우리
몸의 열을 보존하는 데 꼭 필요한
일이지요. 우리 몸에 중요한 굵은
혈관도 이곳을 지나가요.

➕ 우리가 할 일

씻고 소독해요

물로 상처에 묻은 먼지를 씻어 내요. 작은 흙 알갱이들은 핀셋으로 조심스럽게 떼어 내세요. 먼지에 붙어 있던 박테리아와 병원체들이 상처로 침투해 병을 일으킬 수 있어요. 소독약을 뿌려서 그 녀석들은 싹 없애 버리세요. 참, 침을 소독약으로 쓸 수도 있어요.

백신을 접종했는지 확인해요

깨끗하게 씻고 소독약을 뿌려도 상처에 붙은 먼지가 파상풍을 일으킬 수 있어요. 파상풍 예방 백신을 접종했다면 걱정하지 않아도 돼요. 병원에 가거나 질병관리청 사이트에 들어가면 백신을 맞았는지 확인할 수 있어요.

붕대를 감아요

상처는 촉촉하게 유지했을 때 가장 잘 나아요. 상처에서 나오는 진물이 상처를 촉촉하게 해 줘요. 붕대를 감으면 상처의 수분을 유지하고 먼지와 박테리아가 못 들어가게 막을 수 있어요. 붕대는 며칠에 한 번씩 갈아 주세요.

우리 몸이 하는 일

씻고 소독하고 붕대까지 붙였나요? 그럼 이제 우리 몸이 상처를 어떻게 치료하는지 살펴봐요.

진물이 나와요

맑고 노란빛을 띠는 액체가 상처 위에 생겨요. 이게 진물이에요. 진물은 상처에서 먼지, 박테리아를 비롯한 병원체를 씻어 내는 일을 해요. 진물에는 병원체와 싸우는 방어 세포들이 들어 있어요. 진물은 치료에 필요한 에너지와 영양분, 세포들을 상처 속으로 들여보내고, 그와 동시에 죽은 세포들은 상처 바깥으로 내보내요.

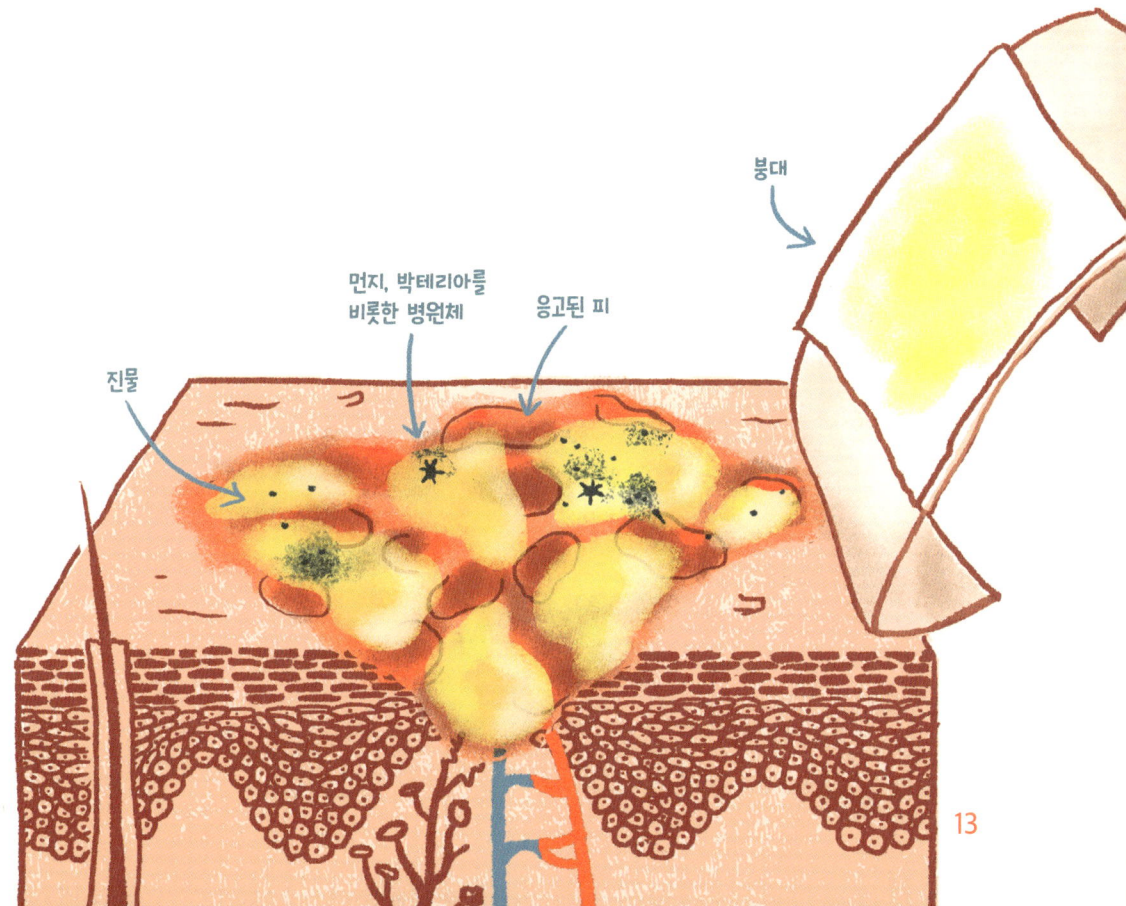

딱지가 앉아요

진물과 피가 섞여서 굳어요. 이렇게 생긴 단단한 딱지가 마치 뚜껑처럼 상처를 덮어서 보호해요. 딱지 아래에서는 대식 세포가 망가진 조직을 깨끗이 먹어 치워요. 대식 세포는 백혈구의 하나예요.

세포가 재생해요

표피의 맨 아래층에서 새로운 피부 세포가 자라요. 새로 생긴 세포들은 위로 올라가면서 오래된 세포들을 자꾸만 밀어내요. 그러면서 노출되었던 신경 세포와 혈관이 다시 덮여요.

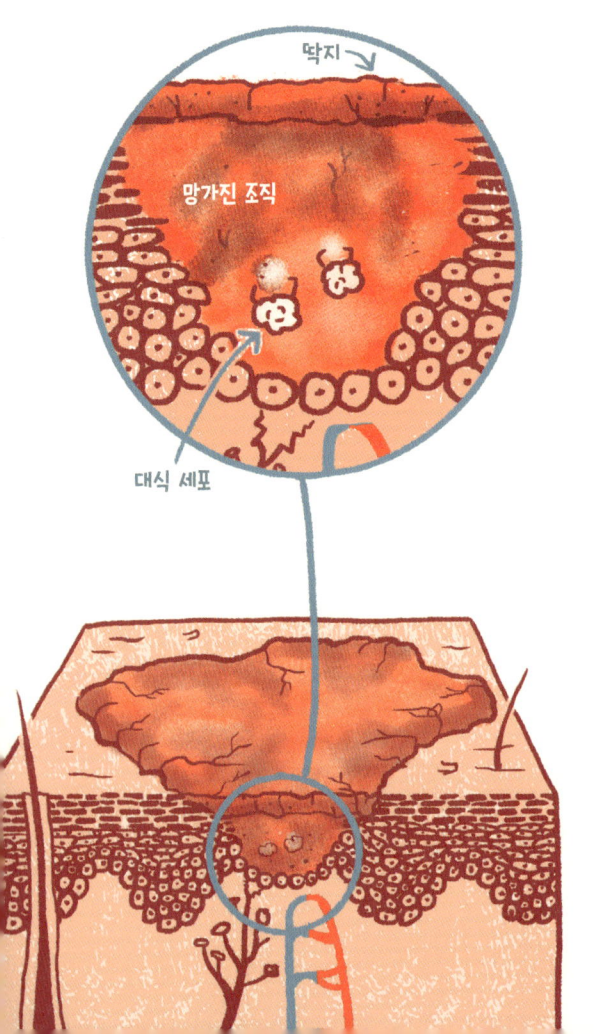

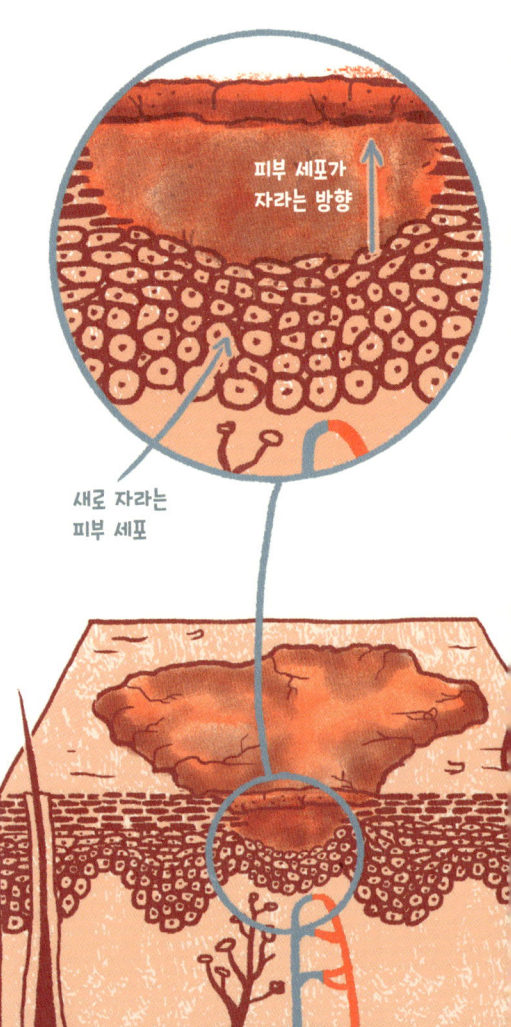

딱지가 떨어져요

며칠이 지나 피부 재생이 끝나면 딱지가 저절로 떨어져요. 딱지가 여전히 단단히 붙어 있다면, 아직 상처 치료가 끝나지 않은 거예요. 그러니까 딱지를 억지로 떼지 마세요. 우리 몸이 치료할 시간을 주세요.

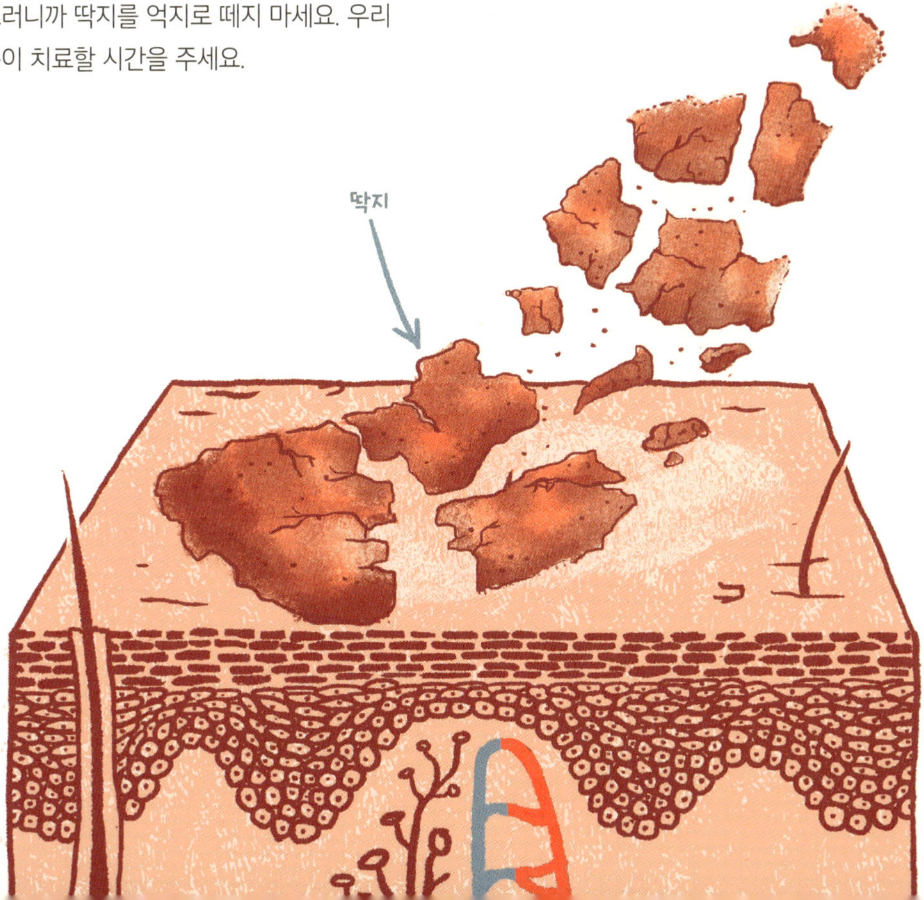

딱지

삐었어요

아야! 저런, 발을 잘못 짚어서 발목이 꺾였군요.
발목을 다치고 말았어요. 이제 곧 발목이 부어오르고
열도 나면서 아플 텐데 어떡하죠?

우리 몸에 무슨 일이 생긴 걸까요?

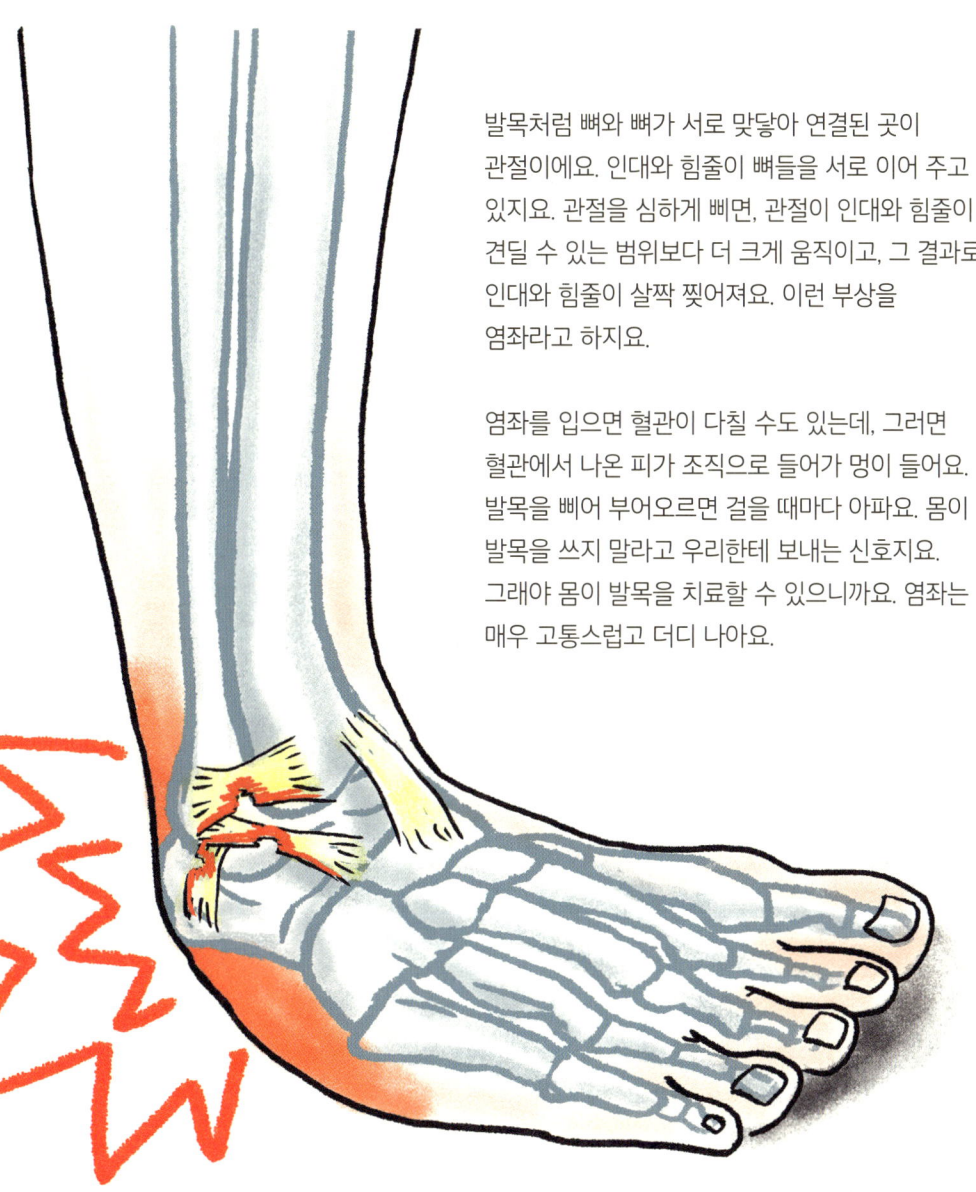

발목처럼 뼈와 뼈가 서로 맞닿아 연결된 곳이 관절이에요. 인대와 힘줄이 뼈들을 서로 이어 주고 있지요. 관절을 심하게 삐면, 관절이 인대와 힘줄이 견딜 수 있는 범위보다 더 크게 움직이고, 그 결과로 인대와 힘줄이 살짝 찢어져요. 이런 부상을 염좌라고 하지요.

염좌를 입으면 혈관이 다칠 수도 있는데, 그러면 혈관에서 나온 피가 조직으로 들어가 멍이 들어요. 발목을 삐어 부어오르면 걸을 때마다 아파요. 몸이 발목을 쓰지 말라고 우리한테 보내는 신호지요. 그래야 몸이 발목을 치료할 수 있으니까요. 염좌는 매우 고통스럽고 더디 나아요.

➕ 우리가 할 일

발을 높이 두고 차갑게 해요

발을 심장보다 높이 두면 손상된 조직으로 피가 적게 흘러 들어가서 발목이 덜 부어요. 얼음으로 찜질하면 고통도 좀 줄어들고요. 손상된 혈관이 수축해서 피가 조직으로 적게 스며들고, 그만큼 발목에 생기는 멍의 크기도 줄어드는 거예요.

붕대로 압박해요

압박 붕대와 탄력 붕대로 잘 감아서 압박하면, 발목 안에서 피가 덜 나고 발목도 덜 부어요. 발목 관절이 움직이지 않게 해 주기도 하고요. 하지만 조심하세요. 피가 안 통할 정도로 꽉 죄면 안 돼요!

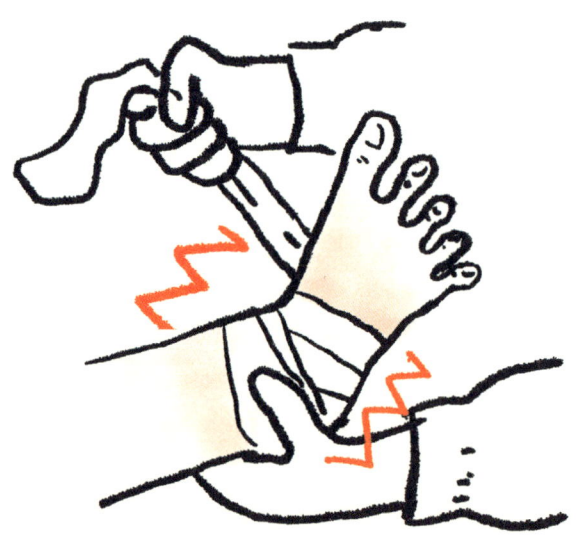

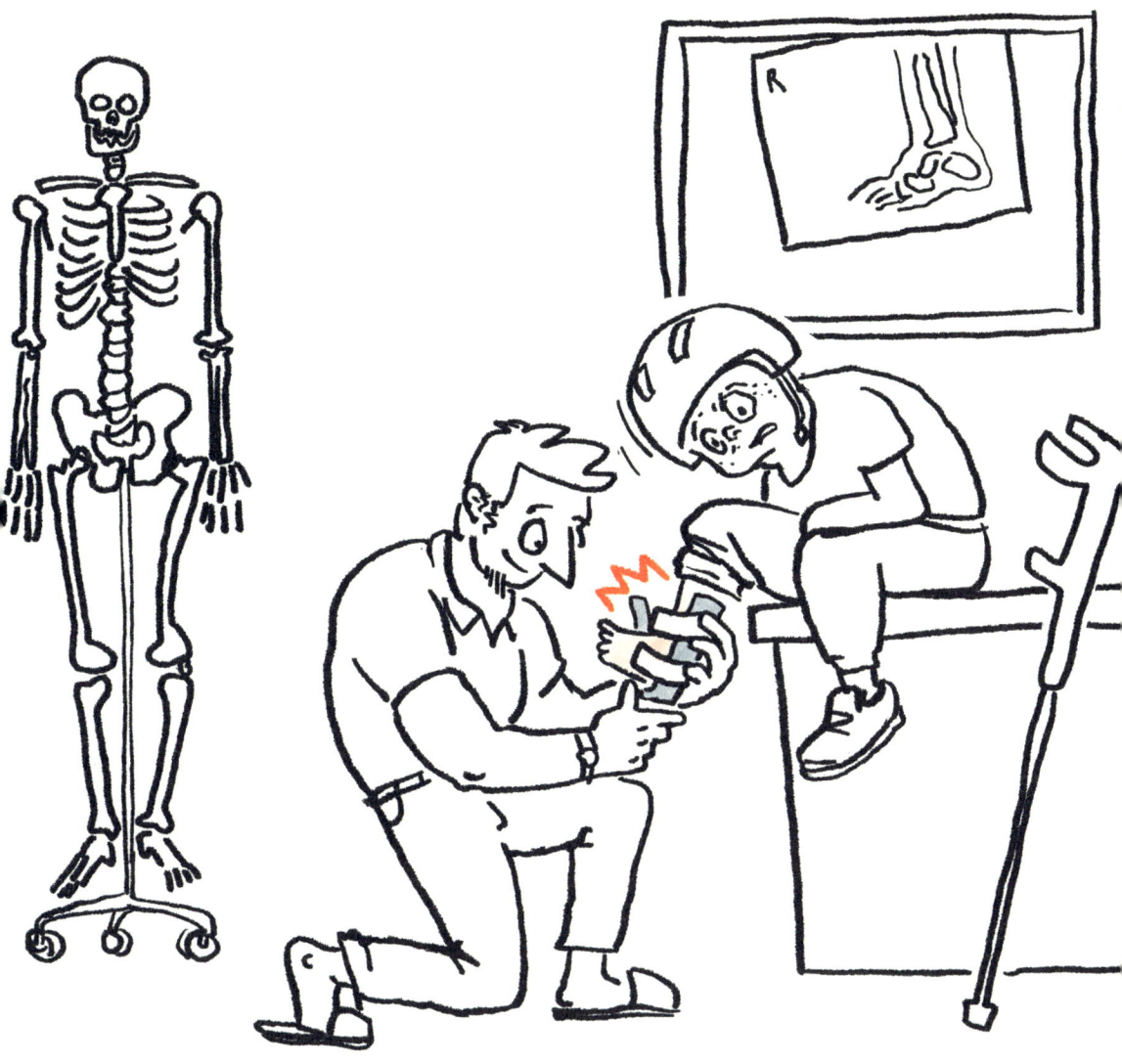

병원에 가요

고통이 줄어들지 않으면, 정형외과 의사를 찾아가세요. 정형외과 의사는 뼈와 관절을 전문으로 치료해요. 의사가 발목을 진찰한 다음에 엑스레이를 찍어서 부러지거나 찢어진 곳이 없는지 확인할 거예요.
어쩌면 의사가 발목에 보호대를 대고 걸을 때는 목발을 쓰라고 할 수도 있어요. 그렇게 하면 발목에 무리를 주지 않고 걸을 수 있지요.

우리 몸이 하는 일

우리는 인대가 어떻게 회복되는지 잘 몰라요. 인대에는 혈액이 잘 공급되지 않아서 뼈가 부러졌을 때보다 회복하는 데 더 오래 걸려요. 가벼운 염좌는 2주쯤 지나면 나아요. 심한 염좌는 두세 달이 지나야 완전히 낫지요.

사고 직후

발목이 꺾이고 그 결과로 인대가 살짝 찢어져요. 안쪽의 상처에서 나온 피와 진물로 발목이 심하게 부어요. 우리 몸은 다친 곳으로 세포들과 물질을 보내 치료를 시작해요.

부기가 줄어들어요

대식 세포가 세포 파편들을 먹어 치워요. 새로운 세포들이 인대가 찢어진 곳을 채워요. 퉁퉁 부었던 발목의 부기가 빠져서 발을 조금 움직일 수 있어요. 발목 주위의 멍이 짙어져요.

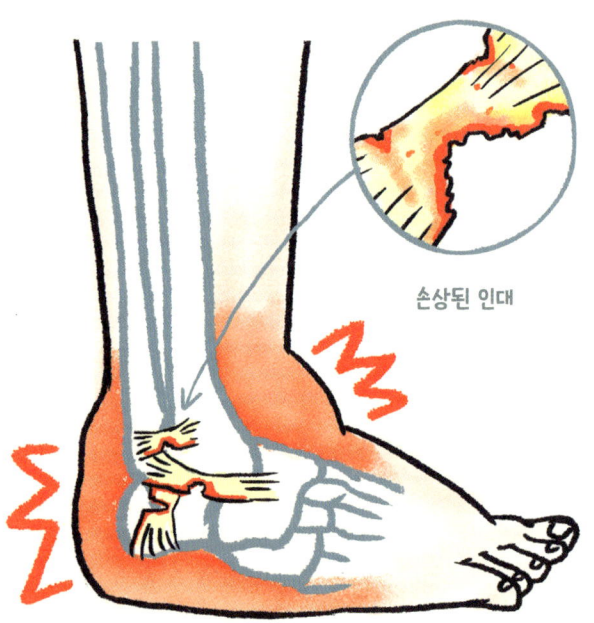

손상된 인대

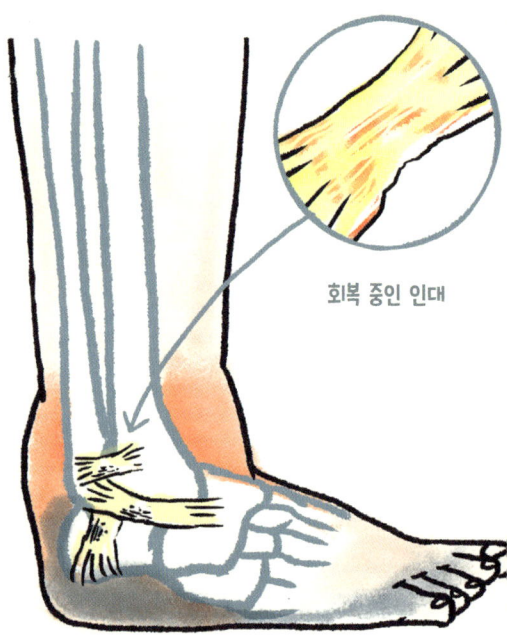

회복 중인 인대

다시 튼튼해져요

발목의 부기가 싹 빠져요. 발을 디디거나 돌려도 발목이 아프지 않아요. 인대에 났던 상처는 사라졌어요. 발목이 완전히 정상으로 돌아왔어요.

회복된 인대

칼에 베였어요

아야! 저런, 손가락을 베였군요!
아프고 욱신욱신 쑤시죠?
상처에서 피가 주르륵 흘러나와 뚝뚝 떨어져요.
이걸 어쩌죠?

겁먹지 마세요. 이건 좀 과장해서 그린 거예요.

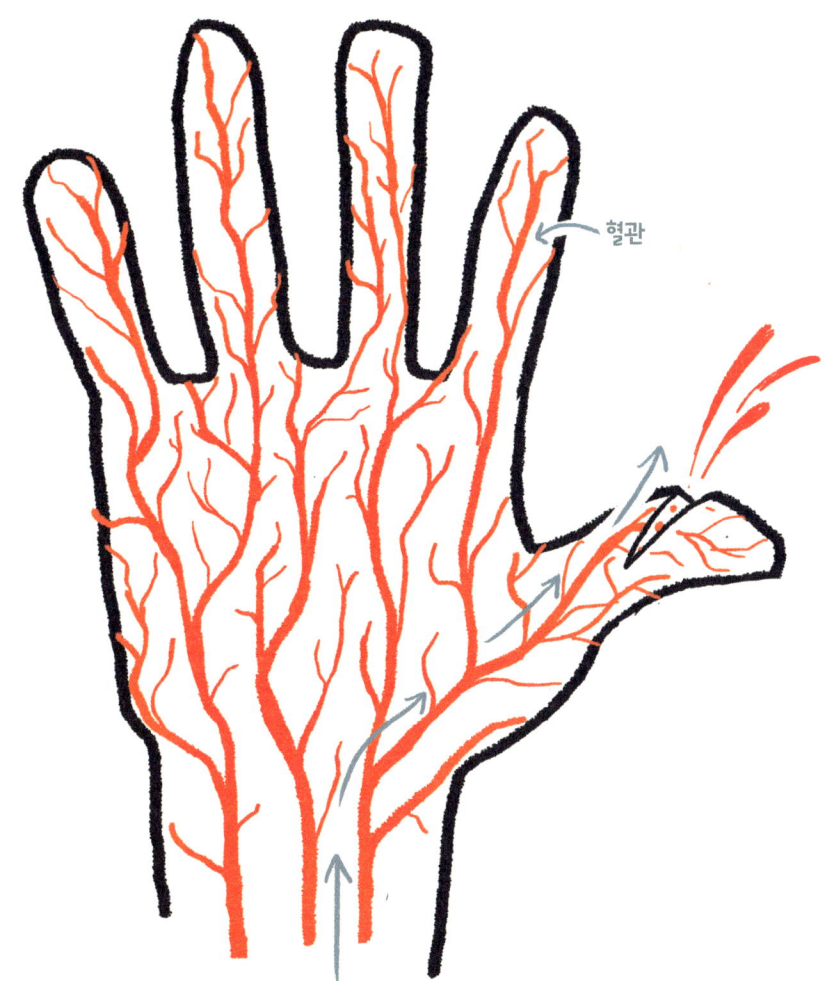

혈관

우리 몸에 무슨 일이 생긴 걸까요?

칼에 베이면 살이 벌어지고 피가 나요. 피가 나는 게 무섭겠지만, 괜찮아요.
피가 흐르면서 병원체까지 상처에서 씻겨 나가니까요. 우리 몸이 스스로 상처를
깨끗하게 닦아 내는 거예요.
상처를 입은 혈관은 출혈을 막으려고 수축해요. 상처가 작으면 피는 금방
멈춰요. 하지만 굵은 혈관이 잘리면 피가 아주 많이 나고 금방 멈추지도 않아요.

✚ 우리가 할 일

심장은 펌프처럼 움직여 우리 몸 구석구석으로 피를 보내요. 피에는 몸에 꼭 필요한 물질이 들어 있지요. 그래서 피를 너무 많이 흘리면 안 돼요. 10분이 지나도 피가 멈추지 않거나 피가 뿜어져 나오면 우리가 몸을 도와줘야 해요.

피를 멈춰요

상처를 압박해 피를 멈추세요. 먼저 베인 손을 높이 들어요. 그러면 상처에서 피가 적게 흘러나와요. 그런 다음 구급상자에서 상처 패드처럼 깨끗한 천을 꺼내 상처 위에 놓아요. 거즈 붕대나 손수건으로 상처 패드 위를 눌러요.

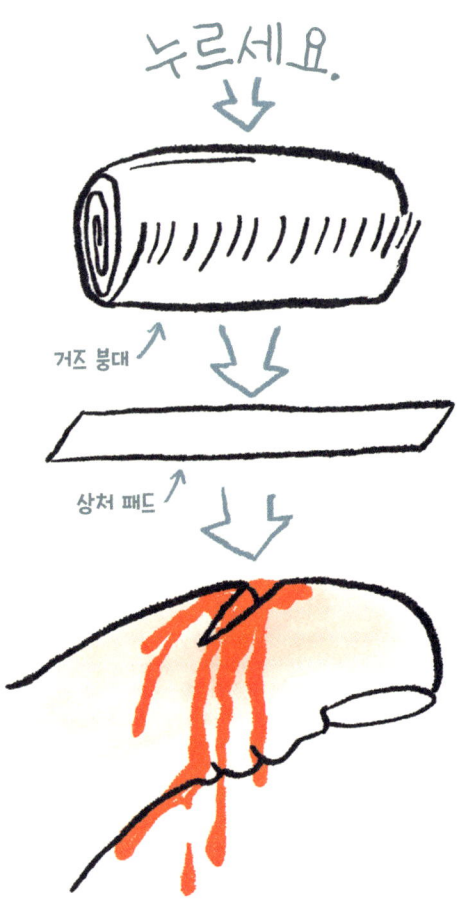

질긴 천으로 상처를 단단하게 싸매서 계속 압박해요. 그러면 혈관들이 서로 눌리고 달라붙어서 피가 멈춰요. 그런 다음에 의사한테 가서 상처를 치료해요.

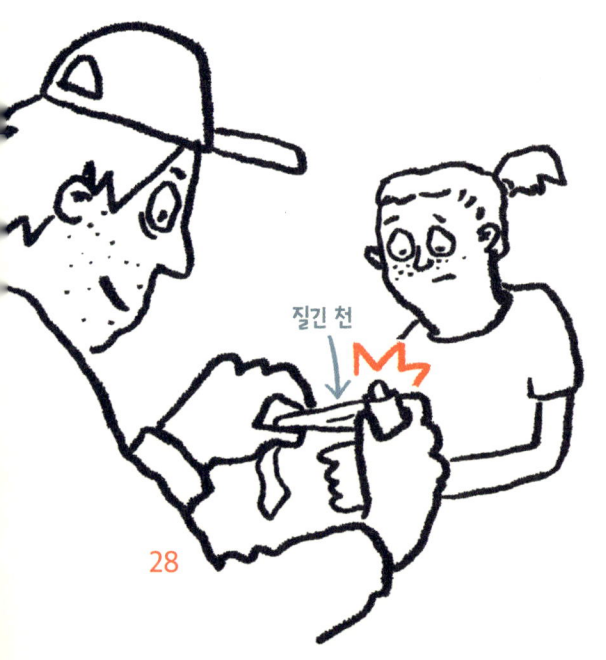

소독해요

의사가 붕대를 풀고 상처에 묻은 먼지와 이물질을 제거한 뒤에 소독해요. 이때 상처는 여전히 벌어진 상태인데 그대로 두면 아무는 데 시간이 오래 걸리고, 상처가 우글쭈글해져 결국 흔적이 남아요.

상처를 꿰매요

보기 싫은 흔적을 남기지 않으려면, 상처를 0.5센티미터 이상의 깊이로 꿰매야 해요. 꿰매기 전에 미세한 주사기로 손가락을 마취해요. 그런 다음에 의사가 바늘과 의료용 실인 봉합사로 상처를 꿰매요.

보호해요

상처를 꿰매면, 실이 상처 양쪽이 붙도록 잡아 줘서 잘 아물 수 있어요. 이제 붕대로 상처를 잘 감싸서 아물 때까지 보호해요.

우리 몸이 하는 일

이제 상처에서 피부가 원래처럼 자랄 거예요. 하지만 맨눈으로는 어떻게 그런 일이 생기는지 정확히 볼 수 없어요. 현미경으로 들여다볼까요?

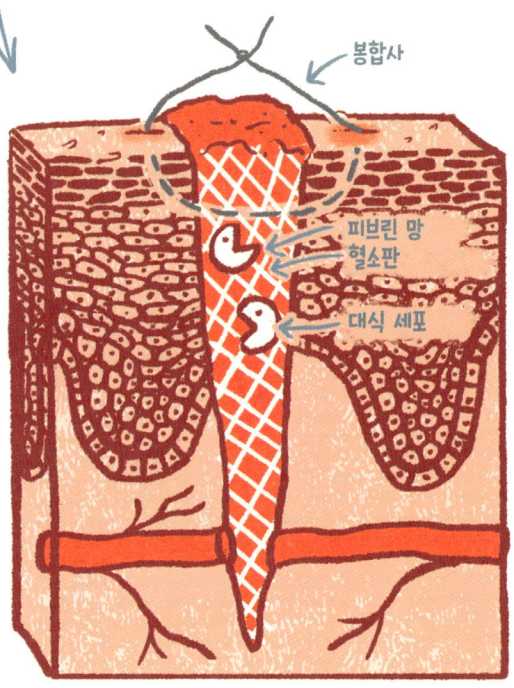

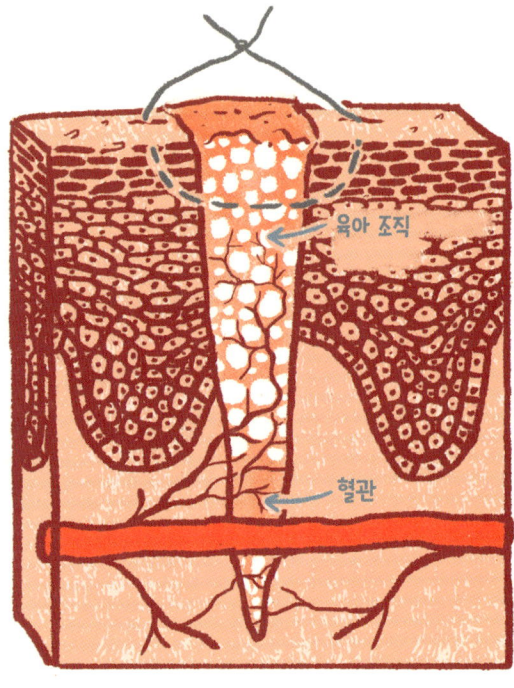

1-3일

피에는 혈소판과 피브린이 들어 있어요. 혈소판이 상처를 덮는 핏덩어리를 형성해요. 피브린은 그물 같은 모양으로 얽히고 거기에 혈소판이 더 많이 달라붙어서 상처를 단단하게 덮어요. 대식 세포는 상처 부위를 깨끗하게 청소해요. 파괴된 세포, 응고된 피, 병원체를 잡아먹어서 새로운 피부 조직이 자랄 공간을 만들지요.

2-4일

이제 고칠 시간이에요. 먼저 상처에서 임시 조직이 자라요. 이걸 육아 조직이라고 부르는데 처음에는 거칠고 도톨도톨한 모양이에요. 그다음으로 접착 물질이 분해되고 혈관이 만들어져 새로운 조직에 영양분을 공급해요. 아무는 동안에는 상처가 붉게 보여요. 혈관이 비쳐서 그런 거예요.

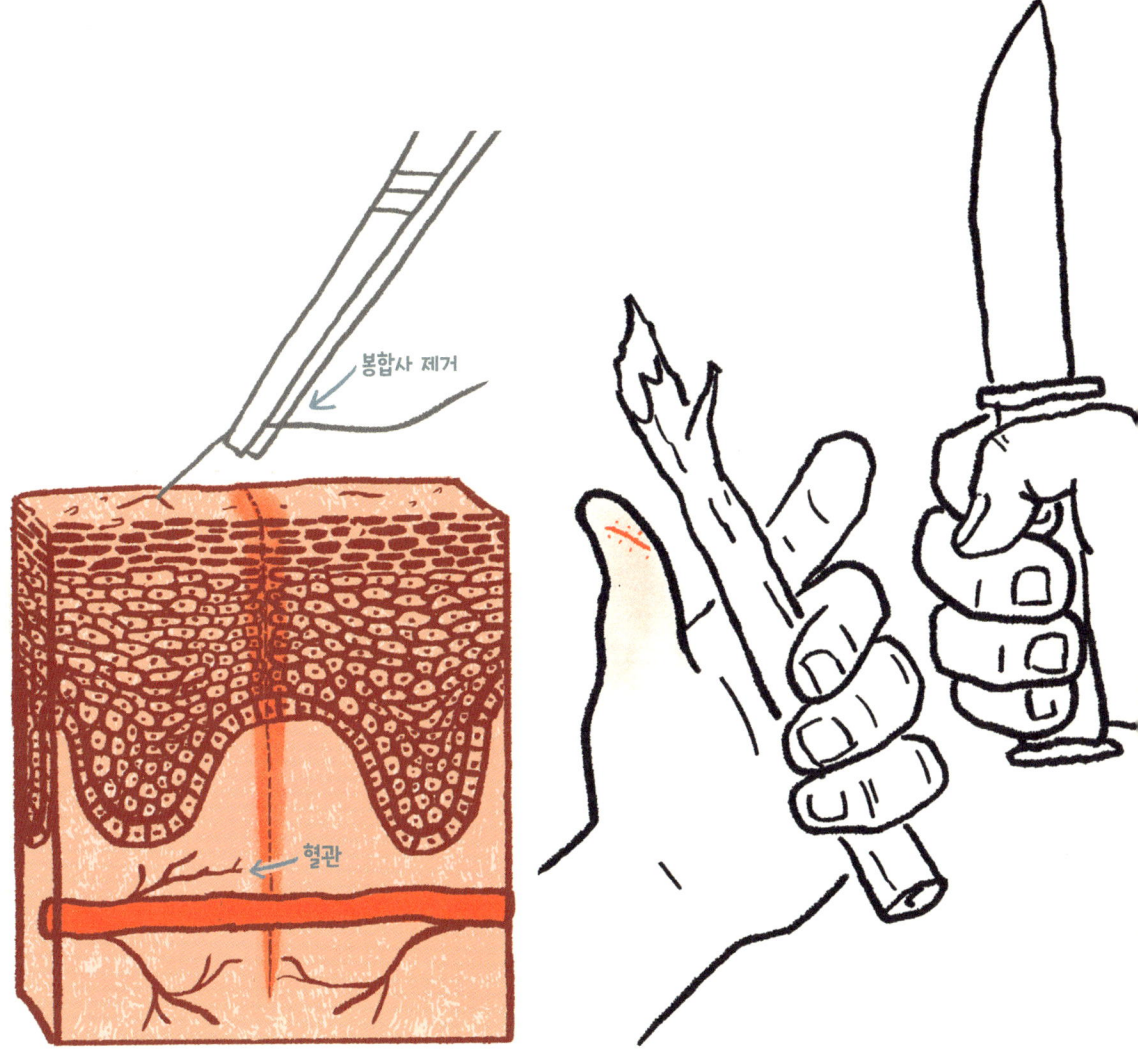

6-10일

며칠에 걸쳐서 상처가 점점 줄어들어요. 육아 조직 속으로 뻗어 있던 혈관은 뒤로 물러나요. 육아 조직은 수분을 잃고 점점 단단해져 흉터로 변해요. 상처 가장자리에서는 새로운 세포들이 성장하면서 상처가 아물지요. 이제 봉합사를 뽑아도 돼요.

2주 뒤

흉터는 여전히 붉은색이에요. 시간이 흐르면서 혈관이 수축하고 흉터의 색깔도 변해요. 결국은 원래 피부 색깔로 돌아오지요. 앞으로 그 흉터를 볼 때마다 칼에 베일 때 겪었던 일들이 떠오를 거예요.

뼈가 부러졌어요

아야! 팔이 너무 아프다고요?
그 팔로 어디를 짚을 수도 없고,
물건을 들 수도 없죠?
팔이 부러진 거예요!

우리 몸에 무슨 일이 생긴 걸까요?

몸속의 뼈 덕분에 우리는 똑바로 서고, 걷고, 앉아 있을 수 있어요. 뼈들은 매우 단단하면서도 유연해요. 그래서 충격과 압력을 받아도 부러지지 않고 견디지요. 하지만 아주 심하게 넘어지면 뼈도 부러지고 말아요.

뼈가 부러지는 걸 골절이라고 하는데, 여러 종류가 있어요. 어린이들에게 일어나는 골절은 대개는 복잡하지 않아요. 어린이의 뼈는 아주 유연하거든요. 어린 초록색 나뭇가지처럼요. 그래서 어린이들이 주로 겪는 골절을 '녹봉골절'이라고 부르는데, 뼈가 두 동강이 나는 게 아니라 한쪽만 깨져요. 그래서 더 빨리 나아요. 어린이들한테는 다행이지요!

뼈의 구조

뼈는 골막으로 덮여 있어요. 뼈 안에도 혈관과 신경이 있어요. 혈관은 뼈에 필요한 물질을 공급하는데 뼈 깊숙한 곳까지 연결되어 있지요. 뼈의 바깥쪽은 단단하고 매끈해요. 안쪽에는 빈 공간이 많아서 스펀지처럼 보여요.

➕ 우리가 할 일

팔을 고정해요

팔이 부러지면 반드시 병원에 가서 치료를 받아야 해요. 병원에 가는 동안 부러진 팔이 움직이거나 흔들리지 않도록 고정해야 해요. 먼저 구급상자에서 삼각건을 꺼내서 그림처럼 긴 쪽 반대편에 매듭을 묶어요. 삼각건은 응급 치료를 할 때 붕대 대용으로 쓰는 헝겊이에요.

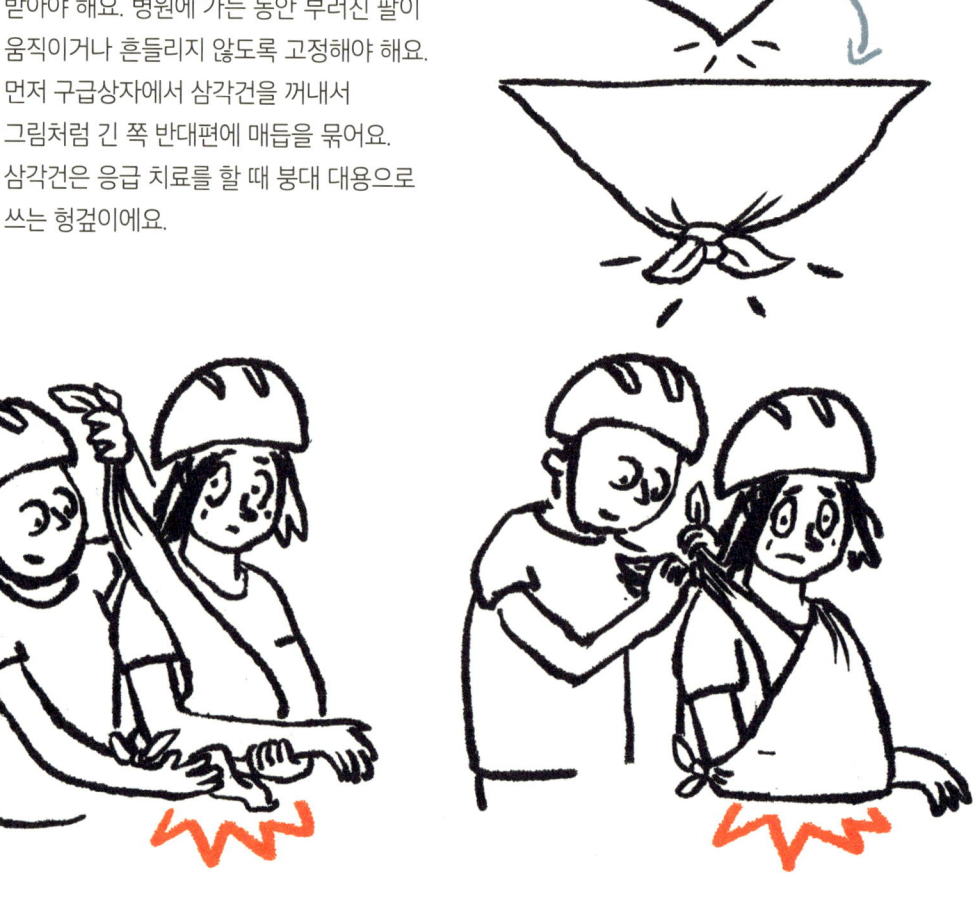

매듭이 부러진 팔의 팔꿈치에 오도록 한 뒤에 삼각건의 한쪽 끝을 팔 아래쪽으로 부드럽게 당겨서 부러진 팔의 어깨에 두르세요.

다른 쪽 끝은 부러진 팔 앞쪽을 감싼 다음에 반대쪽 어깨 위에 놓아요. 그런 다음 머리 뒤쪽에서 양쪽 끝을 묶어 매듭을 지으세요. 삼각건이 아래팔과 손을 잘 보호하는 상태가 되어야 해요.

엑스레이를 찍어요

병원에 가면 뼈가 어떻게 부러졌는지 보기 위해 엑스레이를 찍어요. 엑스레이는 우리 몸 내부와 뼈를 보여 주는 사진을 찍는 장치예요.

엑스레이 사진을 보니 뼈가 부러진 게 확실해요. 다행히 뼈가 어긋나지 않아서 잘 붙을 거 같아요. 그래도 의사가 팔에 깁스를 하기로 결정해요.

깁스를 해요

깁스는 여러 층으로 이루어져요. 가장 먼저 보호용 천으로 덮고, 그 위에 두툼한 솜붕대를 감고, 다시 오글쪼글한 종이인 크레이프페이퍼를 씌워요. 그 위에다가 석고붕대를 몇 겹 더 덮어요.
깁스가 마르면 단단해져서 팔을 움직일 수 없어요. 부러진 뼈가 다시 자라서 붙을 때까지 이리저리 움직이지 못하게 하려고 깁스를 해요.

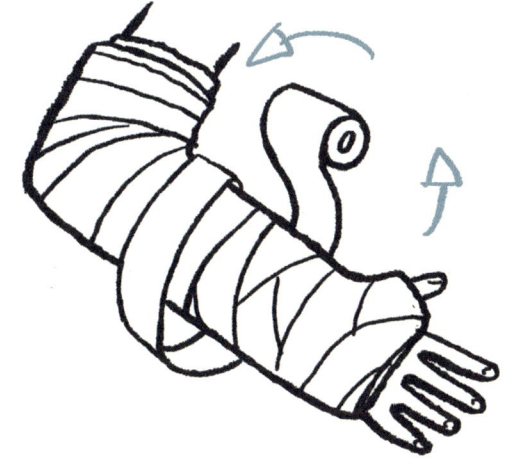

우리 몸이 하는 일

뼈에서는 세포들이 끊임없이 만들어지고, 또 끊임없이 파괴돼요. 뼈가 부러지지 않았을 때도 그래요. 뼈는 늘 재생 훈련을 하고 있는 셈이에요. 그래서 부러지자마자 수리에 나설 수 있지요.

뼈를 붙여요

뼈가 부러지면 가느다란 정맥이 찢어져요. 거기서 피가 흘러나와 부러진 뼈 사이에 모이지요. 여러 종류의 세포가 작용하여 피가 단단하게 굳어요. 굳은 핏덩이가 마치 접착제처럼 부러진 뼈를 붙여 줘요.

뼈가 단단해져요

조골세포라고 불리는 세포가 칼슘으로 이루어진 뼈 물질을 만들어서 핏덩이가 있던 공간을 채워요. 조골세포는 뼈 물질을 많이 만들어요. 그래서 부러졌던 곳의 뼈는 매우 두꺼워요.

청소하고 분해해요

조골세포가 뼈를 만드는 동시에 파골세포가 청소해요. 파골세포는 죽은 뼈, 파편, 튀어나온 뼈 조직을 제거해서 뼈가 원래 모습을 되찾게 해요. 혈관도 복원돼요. 이제 뼈는 사고가 나기 전과 똑같아 보여요.

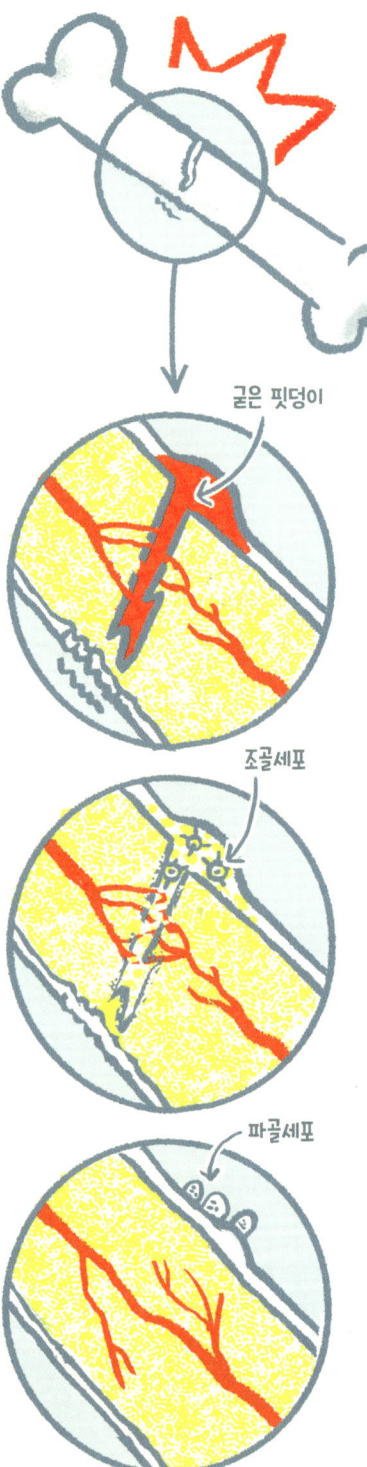

깁스는 불편해요

깁스는 뼈를 고정해서 잘 낫도록 해 줘요. 뼈가 잘 붙는 건 좋은 일이지만, 깁스한 팔로는 아무것도 할 수 없어요. 주위 사람들한테 도와달라고 부탁해야 할 일이 많아요.

얼마 뒤부터 깁스를 한 곳이 가렵고 냄새도 날 거예요. 하지만 긁을 수도 없고 씻을 수도 없어요. 정말 불편하죠.

깁스에서 해방!

3-4주가 지나면 깁스를 풀 수 있어요. 드디어 팔이 자유롭게 되는 거죠. 깁스를 풀어도 관절은 뻑뻑해요. 팔은 아주 가늘지요. 오랫동안 사용하지 않아서 근육이 줄어들었기 때문이에요. 하지만 걱정하지 마세요. 2주쯤 지나면 팔이 예전처럼 튼튼해질 테니까요.

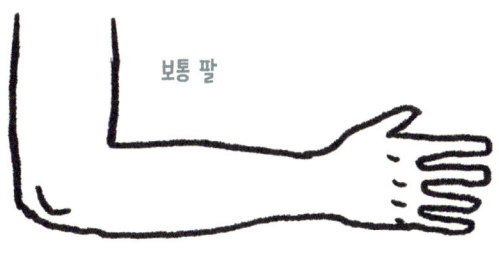

시퍼렇게 변했어요

어이쿠! 눈썹 위를 한 방 맞았군요.
금방 벌게지고 부어오르네요.
눈 주위가 빨갛게 변해요.

우리 몸에 무슨 일이 생긴 걸까요?

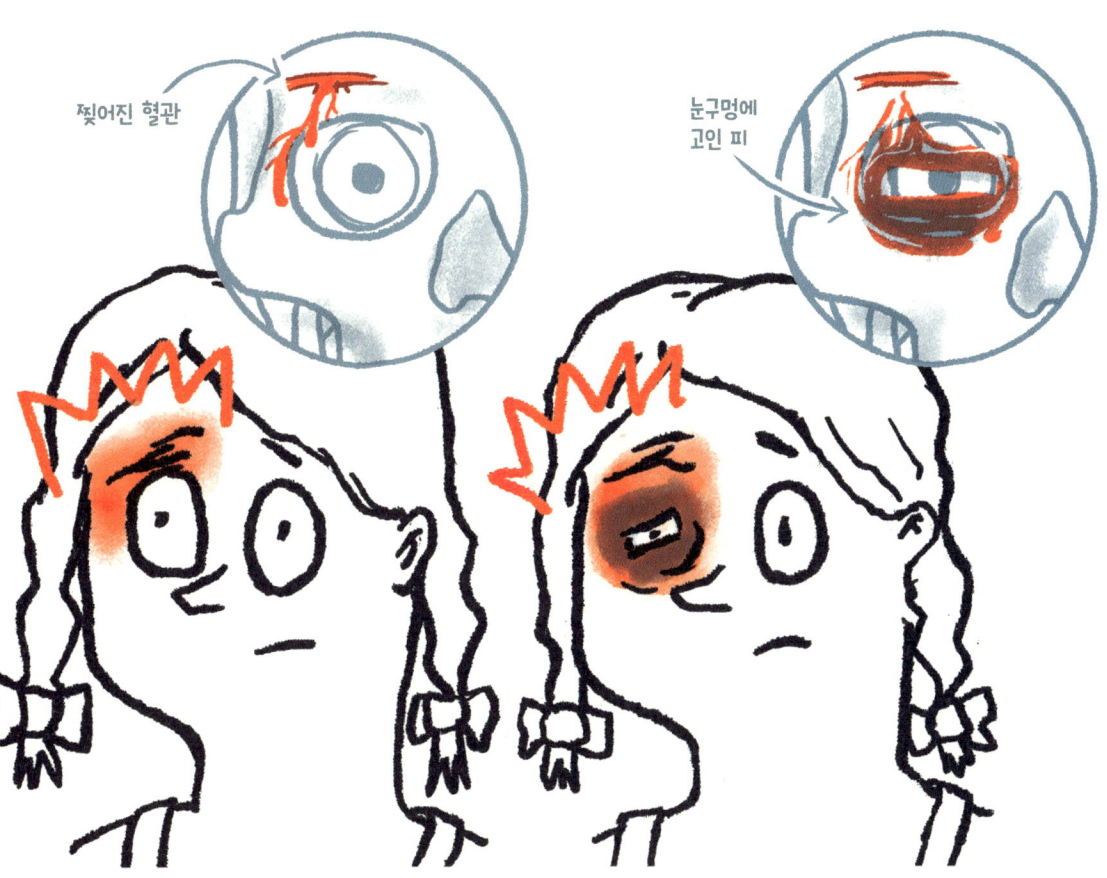

찢어진 혈관

눈구멍에 고인 피

충격 직후

눈썹 위를 한 방 맞으면, 그 아래 혈관이 찢어져요. 혈관에서 나온 피가 주변 조직으로 흘러 들어가 눈썹 부위가 금방 붉게 변하고 부어오르지요. 눈 주변 피부는 매우 부드럽고, 액체와 공기가 드나들 수 있어요. 찢긴 혈관에서 나온 피는 눈 아래쪽으로 스며들어서 빈 공간에 모여요.

얼마 뒤

몇 분이 지나면, 눈썹 부위뿐만 아니라 눈 전체가 부어올라서 거의 아무것도 볼 수 없게 되지요. 피와 상처에서 스며 나온 물질이 조직을 꽉 채워서 눈 전체가 부어오르고 앞쪽으로 툭 튀어나와요. 부어오른 부위가 붉게 변하는 건 피부 안쪽의 피가 비쳐 보이기 때문이에요. 이것을 우리는 '멍'이라고 불러요.

피부 속에서 벌어지는 일

혈관은 가느다란 관이에요. 혈관을 통해 피가 우리 몸 구석구석으로 이동하지요.
피에는 우리 몸이 생명을 유지하는 데 필요한 모든 물질이 들어 있어요. 혈관이 망가지면, 우리 몸은 즉시 수리에 나서요.

혈관이 찢어져요

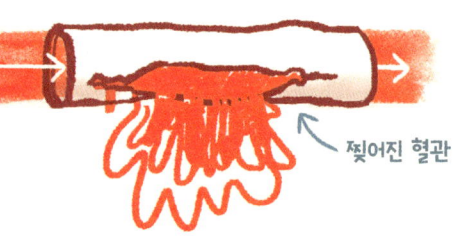

눈썹 부위가 강한 충격을 받아서 혈관이 찢어져요. 찢어진 곳으로 피가 흘러나와요.

혈관이 좁아져요

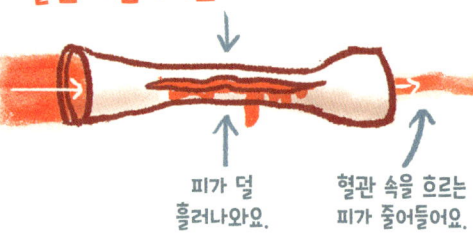

혈관이 즉시 수축해요. 그러면 혈관에서 흘러나와 조직으로 스며드는 피가 줄어들어요.

피가 굳어요

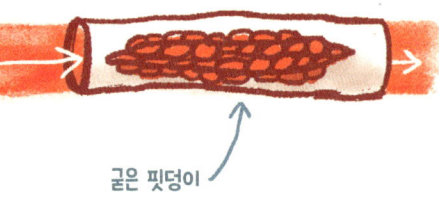

혈소판이 찢어진 곳으로 모이고 그 때문에 피가 굳어서 구멍을 막아요. 이제 더는 피가 흘러나오지 않아요. 하지만 굳은 핏덩이는 튼튼하지 않아요.

그물망이 상처를 감싸요

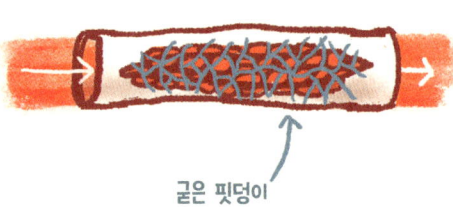

피브린이 굳은 핏덩이 위에 그물망처럼 달라붙어요. 이제 굳은 핏덩이가 상처에 단단히 붙고 상처는 아물어요.

➕ 우리가 할 일

출혈을 빨리 막아야 해요. 그래야 멍이 든 부위가 나중까지 아프지 않아요.

눈 부위를 부드럽게 눌러요

눈을 누르면, 상처에서 나오는 피와 액체가 주변 조직으로 흘러들어 가는 양이 줄어요. 눈 주변도 덜 부어오르게 되지요.

차갑게 해요

얼음이나 아이스 팩을 수건으로 감싸서 30분쯤 눈을 찜질해요. 그렇게 하면 혈관이 수축해 주변 조직으로 피가 덜 스며들어요. 얼음이나 아이스 팩을 직접 피부에 대면 동상에 걸릴 수 있으니 반드시 수건으로 감싸서 찜질하세요.

머리는 높게 둬요

밤에 잘 때는 머리를 높게 두어야 해요. 그래야 부기가 빨리 가라앉아요.

응급 상황!

머리를 맞거나 부딪힌 다음에 아래쪽에 나열한 증상이 하나라도 나타나면 즉시 병원으로 가세요.
- 물체가 두 개로 보이거나 섬광이 보인다.
- 의식이 없다.
- 어지럽고 토한다.
- 코에서 피가 난다.
- 귀에서 피가 난다.
- 눈동자를 다쳤다.

우리 몸이 하는 일

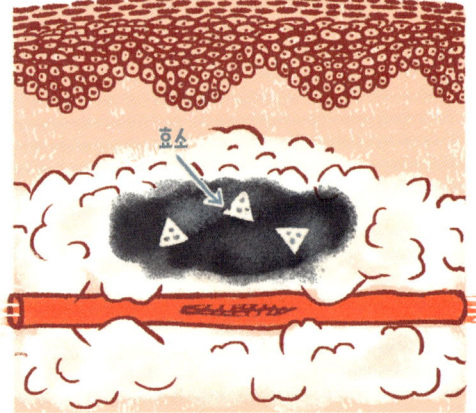

3시간 뒤

피는 우리 몸 곳곳으로 산소를 운반해요. 피에 산소가 많으면 붉게 보여요. 주변 조직으로 스며든 피는 굳어요. 그 과정에서 산소를 잃고 피는 붉은색에서 푸른색으로 변해요. 상처에서 흘러나온 액체도 조직으로 스며들어요. 그 바람에 눈 주위가 부어오르지요.

1주일 뒤

굳은 피는 반드시 제거해야 해요. 우리 몸에는 그 일을 하는 효소들이 있어요. 여러 효소가 피를 구성하는 다양한 성분들을 천천히 분해해요. 이 과정에서 멍의 색깔이 검푸르게 변하고, 부기는 가라앉아요.

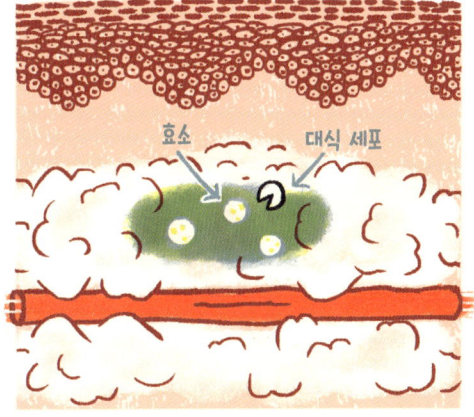

10일 뒤

부기가 더 빠지고 효소와 더불어 대식 세포가 굳은 피를 분해해요. 멍은 초록색으로 바뀌지요. 분해된 피는 간을 거쳐서 창자로 갔다가 우리가 배설할 때 몸 바깥으로 나가요.

2주 뒤

굳은 피가 몽땅 제거되고 부기는 완전히 사라져요. 마지막 단계에서 눈 주변은 희미한 노란색을 띠었다가 며칠 더 지나면 그마저도 사라져요. 멍이 다 없어졌으니까 이제 다시 링 위에 올라가도 괜찮아요.

이가 빠졌어요

아야! 저런, 입과 팔꿈치가 부딪쳤군요.
혀로 입안을 여기저기 더듬어 보니
피 맛이 나고 없던 구멍이 느껴져요.
어쩌죠, 영구치가 빠져 버렸어요!

우리 몸에 무슨 일이 생긴 걸까요?

우리 눈에 보이는 이의 부분을 치관이라고 해요. 이뿌리(치근)는 턱뼈 깊숙이 단단히 박혀 있어요. 신경과 혈관이 턱을 지나서 이 속까지 뻗어 있지요. 이가 빠지면, 혈관과 신경도 끊어지는데 이때 매우 아파요. 끊어진 혈관에서는 피가 나요. 이뿌리가 자리를 잡고 있던 곳에는 빈 구멍이 생겨요.

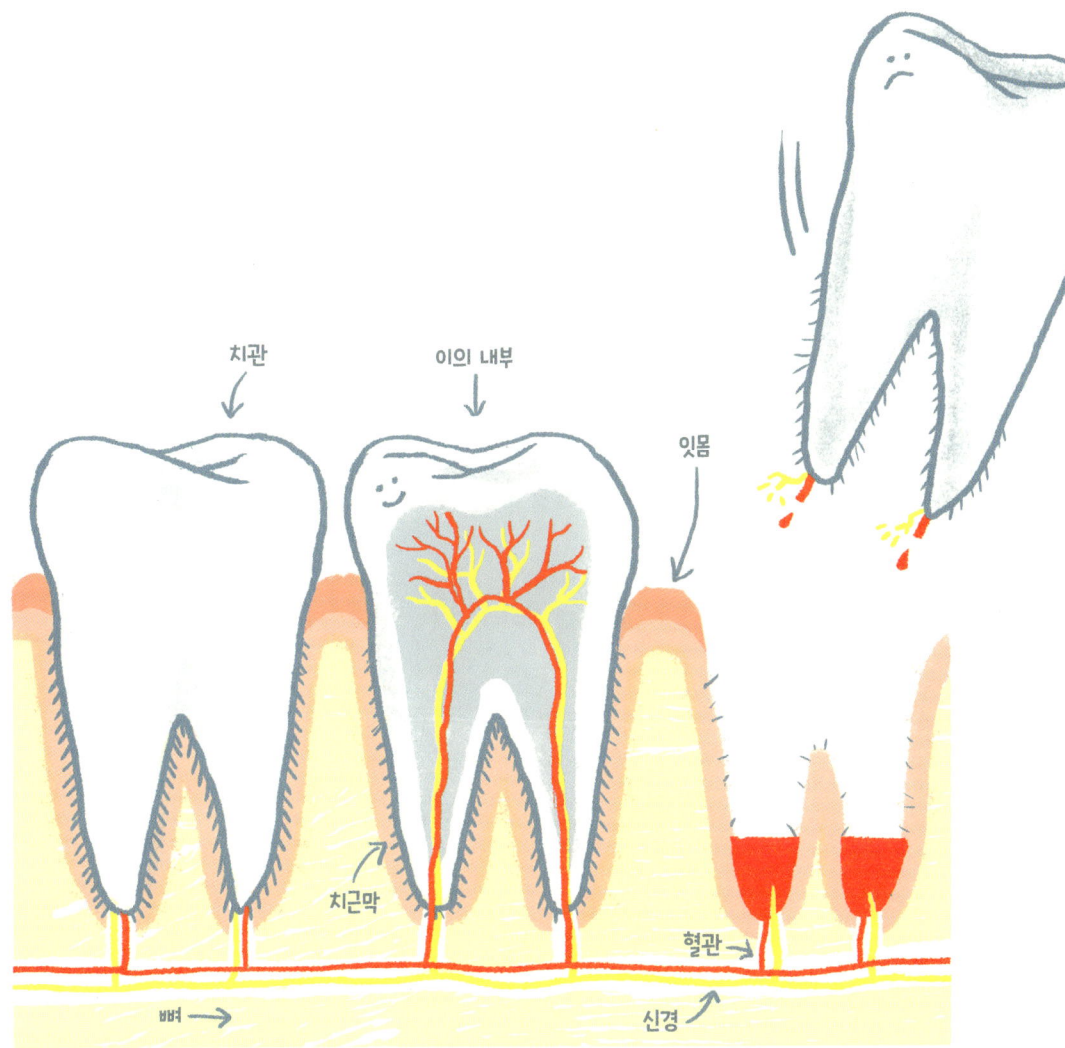

➕ 우리가 할 일

피를 멈춰요

보푸라기가 없는 천을 이가 빠진 곳에 넣고 꽉 물어요. 천을 찬물에 적셔서 물면, 이가 빠진 부위가 부어오르는 것도 막을 수 있어요.

이를 찾아요

빠진 이를 꼭 찾아야 해요. 이를 찾는 게 쉽지는 않아요. 입안에 있을 수도 있고, 주변에 떨어졌을 수도 있어요. 이를 찾으면, 뿌리는 건드리지 말고 치관을 잡으세요.

이를 보존해요

이뿌리 부분의 연약한 치근막이 살아 있으면, 치과 의사가 이를 빠진 자리에 다시 넣을 수 있어요. 그러니까 이를 가지고 최대한 빨리 치과로 가세요!
치과에 가는 동안 치근막이 손상되거나 이가 마르지 않게 해야 하는데, 그러려면 올바른 방법으로 보관해야 해요. 이는 차가운 흰 우유에 담서 가져가는 게 가장 좋아요.

우유

빠진 이

죽은 신경과 혈관을 제거해요

빠진 이는 이미 죽은 상태예요. 몸과 연결이 끊어져서 필요한 물질을 공급받지 못하고, 다시 건강하게 회복되지도 않아요. 하지만 치근막이 있어서 다시 턱뼈에 단단히 자리를 잡을 수 있어요. 인공 치아를 심는 것보다 원래 이를 계속 사용하는 게 더 좋아요. 치과 의사는 가장 먼저 식염수로 빠진 이를 깨끗하게 닦아요.

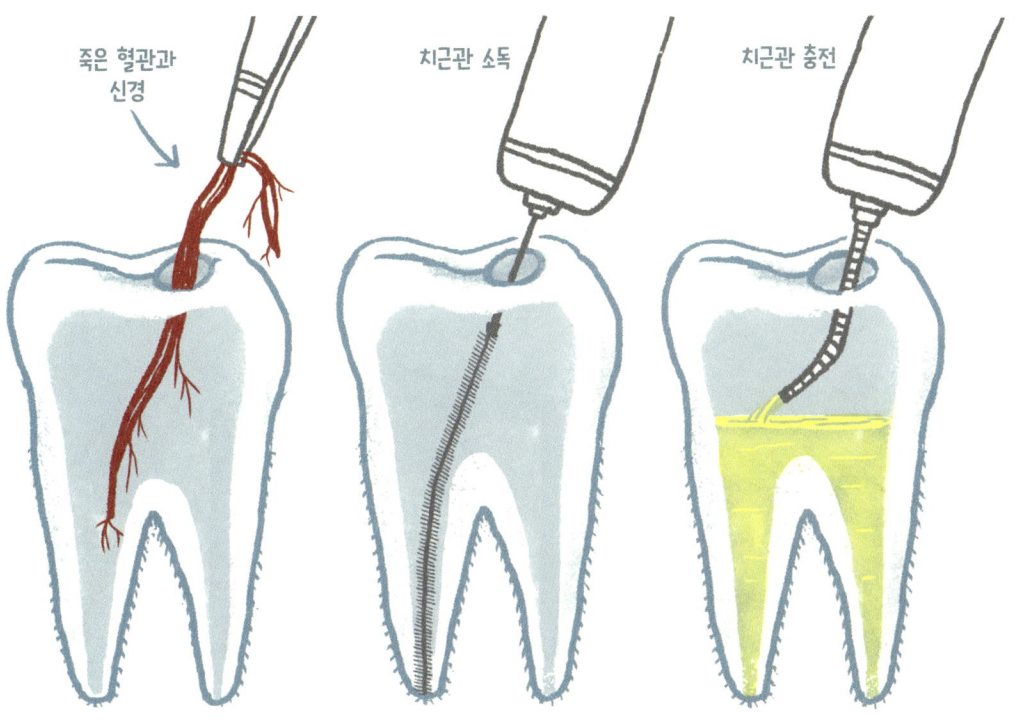

다음으로 치과 의사는 치관에 구멍을 뚫고 죽은 신경과 혈관을 끄집어내요. 다시 넣은 이에 염증이 생기지 않도록 하려는 거예요.

그러고는 특수 의료 기구로 이 안쪽을 깨끗하게 청소하고 약품으로 닦아서 염증이 생기지 않도록 해요.

마지막으로 이 안쪽을 채우고 뚫은 구멍까지 막아서 박테리아가 살지 못하도록 해요. 그러면 이를 다시 심을 준비가 끝나요.

이를 심고 보강해요

치과 의사가 준비해 둔 이를 구멍에 다시 심어요. 그런 다음에 가는 와이어로 옆쪽 이들과 연결해요. 이렇게 하면 자리를 잘 잡고 다시 심은 이로 씹을 수도 있어요.

우리 몸이 하는 일

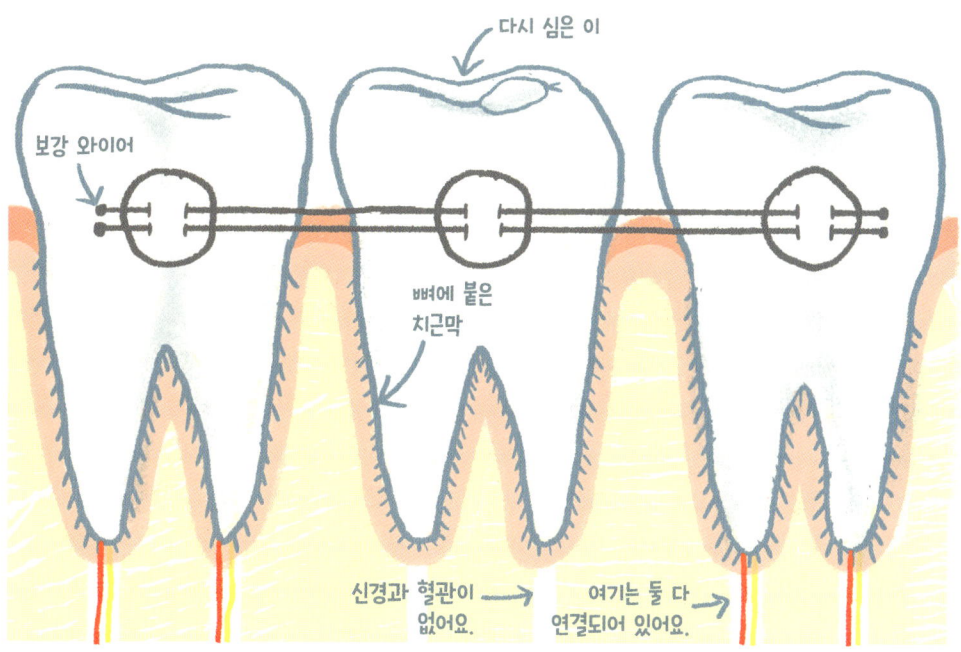

다시 연결돼요

운이 좋다면 몇 주 뒤에 치근막이 뼈에 다시 연결돼요. 이가 다시 제자리를 잡기 시작하는 거죠. 이 연결은 꽤 튼튼해요.

단단히 뿌리를 내려요

정말 잘됐어요! 4주에서 6주가 지나면 보강 와이어를 빼도 돼요. 이제 빠졌던 이가 다시 입안에 튼튼히 뿌리를 내렸거든요. 이 이는 살아 있지 않고 영구치는 다시 나지 않아요. 그래도 이렇게 단단하게 뼈에 붙은 건 정말 좋은 일이에요. 빠지기 전과 똑같아 보이고 다시 사용할 수도 있으니까요.

머리를 부딪쳤어요

어이쿠! 넘어지면서 머리를 바닥에 부딪쳤군요.
별이 보이고, 모든 게 빙빙 돌고, 몽롱한 기분이 든다고요?
뇌진탕을 일으킨 거예요.

우리 몸에 무슨 일이 생긴 걸까요?

뇌는 두개골 속에 안전하게 놓여 있어요. 액체가 뇌를 감싸고 있고 그 주위로 공간이 조금 있지요. 헬멧을 쓰면, 머리를 부닥쳐도 심각한 부상을 입지 않아요. 머리를 보호하려면 잘 맞는 헬멧을 써야 하고, 사고가 났다면 망가진 헬멧은 새것으로 바꿔야 해요. 그렇지만 헬멧이 뇌진탕까지 막지는 못해요. 두개골 속에서 뇌가 움직이기 때문이에요.

첫 번째 충돌

사고가 났을 때 뒷머리가 바닥에 부닥치면, 뇌가 두개골 뒤쪽에 충돌해요. 이때 뇌가 처음으로 충격을 받지요.

두 번째 충돌

뇌는 탄력이 있어요. 그래서 두개골 뒤쪽에 충돌한 다음에 고무공처럼 튀어 올라서 두개골 앞쪽과 다시 충돌해요. 이때도 뇌가 충격을 받아요. 한 번 넘어질 때, 뇌는 두 번 다치는 거예요.

우리 뇌는 수많은 신경 세포로 이루어져 있어요. 신경 세포 하나하나는 주변의 여러 신경 세포와 연결되어 있지요. 수많은 신경 세포가 그물망처럼 매우 복잡하게 연결되어 있는 것, 그게 바로 우리 뇌예요. 갑작스럽고 강한 충격을 받아 신경 세포가 손상을 입으면 뇌진탕에 걸려요. 뇌진탕은 우리 몸의 여러 기능에 영향을 미쳐요.

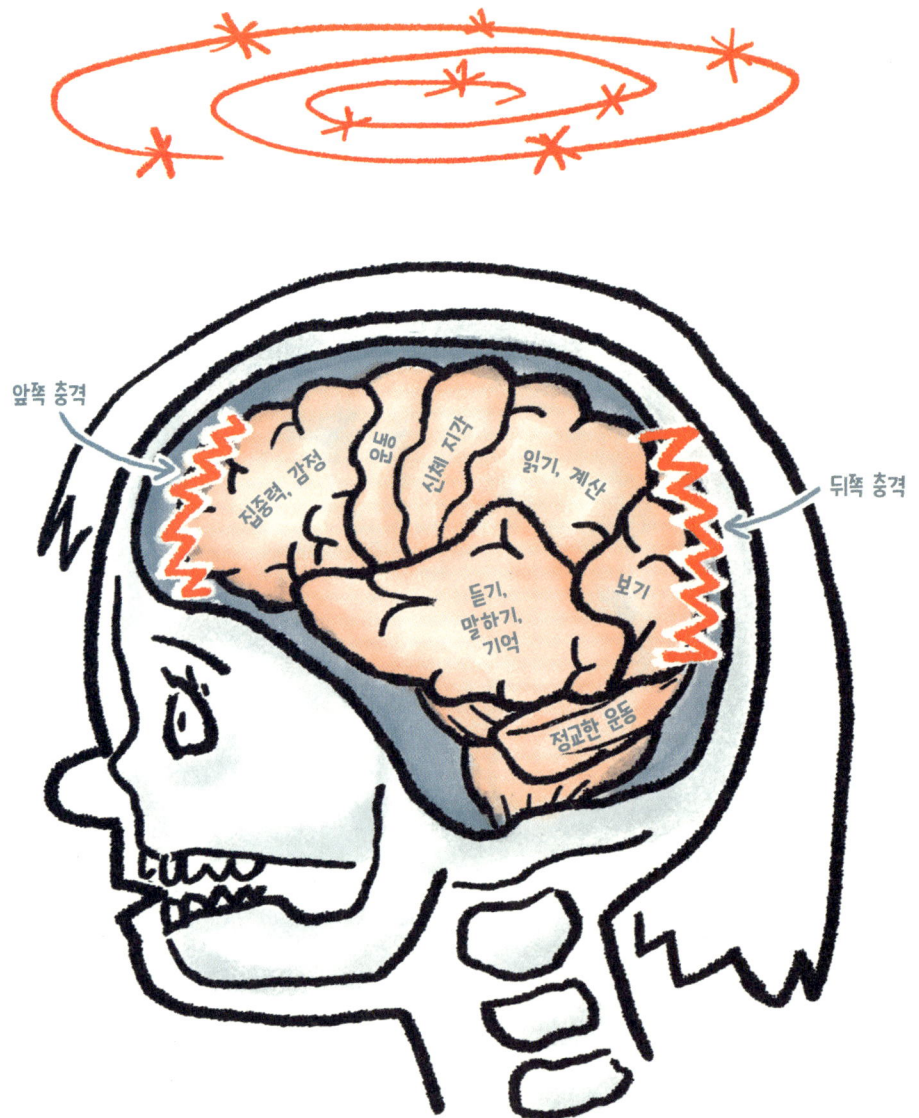

뇌가 충격을 받으면?

뇌의 영역들은 제각기 다른 기능을 담당하고 있어요. 그래서 뇌진탕으로 어떤 영역을 다쳤는지에 따라서 나타나는 증상이 달라지지요.
뇌 뒷부분은 시각을 담당해요. 이곳을 다치면, 별이 보이거나 눈앞이 캄캄해지거나 물체가 둘로 보여요. 뇌 앞부분은 집중력을 담당해요. 그래서 이곳을 다치면 혼란스럽고 집중을 하지 못해요.

➕ 우리가 할 일

뇌는 생명 유지에 필수적인 기관이에요. 우리 자신과 세상을 알게 해 주지요. 뇌는 기억을 저장하는 일도 담당해요. 우리의 개성과 인격의 바탕이기도 하지요. 그래서 뇌를 다치면 아주 조심해야 하고 만일의 경우를 대비해서 반드시 의사와 상담을 해야 해요.

가벼운 뇌진탕은 특별한 치료가 필요하지 않지만, 그래도 잘 관찰해야 해요. 머리를 다친 사람은 누워서 쉬어야 해요. 그리고 다른 사람이 환자 곁에 머무르면서 상태가 나빠지거나 의식을 잃지 않는지 살펴봐야 해요. 심각한 뇌 부상은 매우 위험해요. 겉으로 보아서는 상태를 알 수 없기 때문이지요. 심각한 뇌 부상을 치료하지 않고 내버려 두면, 영구적인 손상이 생기거나 나중에 나이가 들었을 때 심하게 아플 수 있어요.

뇌진탕의 증상

머리를 부딪치고 나서 아래와 같은 증상이 나타나면 뇌진탕을 일으킨 거예요.
- 어떻게 사고가 났는지 정확하게 기억나지 않는다.
- 잠깐 의식을 잃는다.
- 두통이 난다.
- 어지럽고 구역질이 난다.

응급 상황!

다음과 같은 일이 벌어지면 즉시 구급차를 부르세요.
- 귀에서 피가 난다.
- 의식이 오랫동안 돌아오지 않는다.
- 구토가 난다.
- 정신이 혼란스럽다.

우리 몸이 하는 일

가벼운 뇌진탕은 보통 저절로 나아요. 그렇지만 겉으로 보아서는 뇌진탕이 얼마나 심한지 알 수 없으니까 병원에서 하룻밤을 머무르면서 관찰하는 게 좋아요. 그렇게 하는 게 뇌가 정상적으로 활동하는지 살피는 좋은 방법이거든요.

뇌는 충격에 매우 약해요. 완전히 회복하려면 시간이 걸리지요. 우리가 뇌를 도울 수 있어요.

상처는 차갑게, 몸은 피곤하지 않게 유지해요

머리에 멍이 들거나 혹이 났다면, 차갑게 찜질해서 식혀 주세요. 이틀 정도는 침대에 누워 푹 쉬어야 해요. 학교에 가는 건 뇌를 너무 피곤하게 하는 일이에요. 잠을 많이 자는 게 좋아요. 텔레비전과 스마트폰은 금지예요. 책도 읽지 마세요.

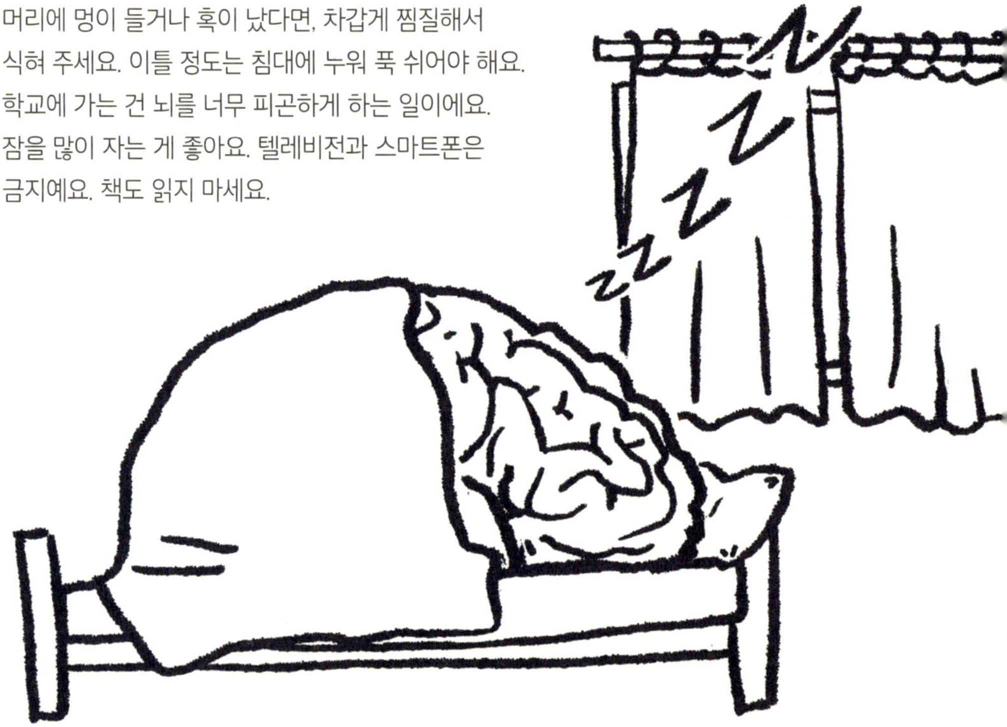

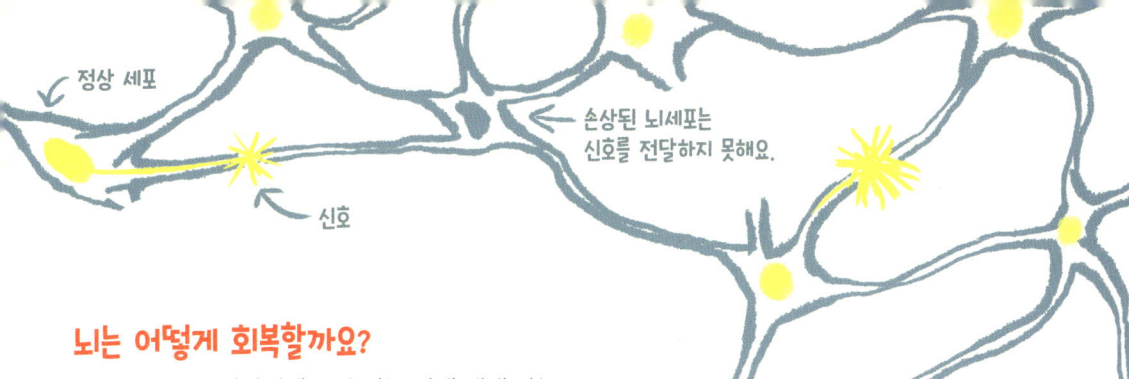

뇌는 어떻게 회복할까요?

뇌는 신비로운 기관이에요. 우리는 뇌에 대해 아는 것도 꽤 많지만, 모르는 것도 여전히 많아요. 뇌진탕이 어떻게 낫는지도 정확히는 몰라요.

뇌진탕을 일으키면 뇌의 신경 세포들이 손상돼요. 팔과 다리의 신경 세포들은 손상되어도 다시 자라지만, 뇌의 신경 세포들은 그러지 못해요. 그런데도 뇌는 회복해요. 과학자들은 다른 신경 세포들이 망가진 신경 세포들의 기능을 대신한다고 추측하고 있지요.

심하지 않은 뇌진탕은 조심하면 어떤 장애도 남지 않아요. 회복되면 모든 것이 다시 정상으로 돌아가요.

조심조심 움직여요

이틀이 지나서 상태가 좋아지면 일어나서 걸어도 돼요. 하지만 달리거나 펄쩍펄쩍 뛰지는 마세요. 뇌가 잘 회복하는 게 더 중요하니까요.

며칠 또는 1주일쯤 지나서 모든 증상이 사라져도 뇌가 완전히 정상으로 돌아온 건 아니에요. 가벼운 뇌진탕은 낫는 데 1주일에서 10일쯤 걸려요. 하지만 심각한 뇌진탕의 경우는 다시 롤러스케이트를 신고 신나게 달리려면 오래 기다려야 해요.

아야! 피부가 빨갛고, 땅기는 데다가 만지면 아프죠?
가렵고 화끈거리기도 하고요.
피부가 햇빛에 화상을 입은 거예요.

우리 몸에 무슨 일이 생긴 걸까요?

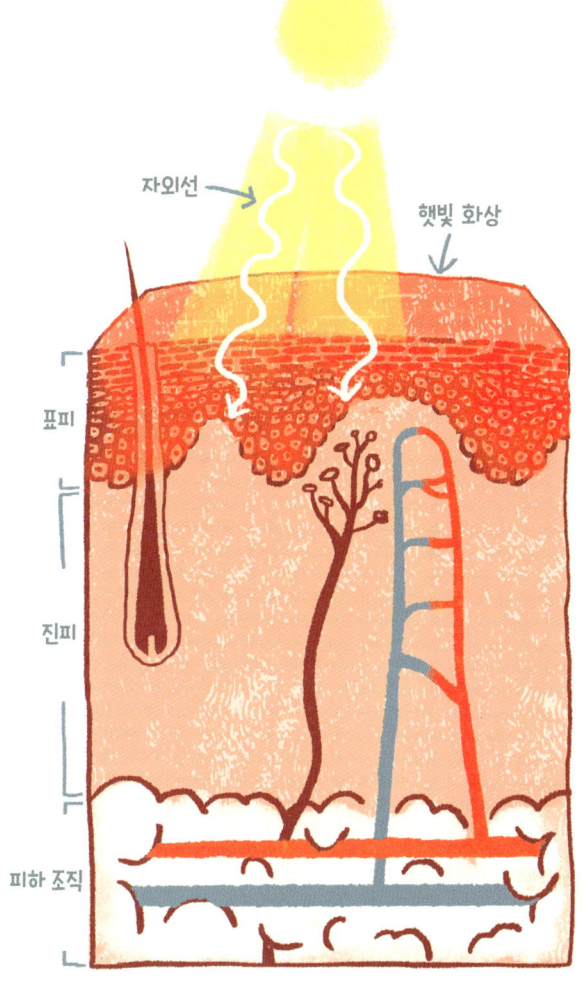

햇빛은 아름다워요. 따뜻한 햇빛이 피부에 닿으면 기분도 좋지요. 하지만 햇빛을 너무 오래 쪼이면 피부가 타요. 눈벌판에서도 화상을 입을 수 있어요. 화상을 일으키는 게 태양의 열이 아니라 자외선이기 때문이지요.

우리 몸에 햇빛이 닿으면, 피부가 갈색으로 변하고 단단해져요. 자외선으로부터 세포를 보호하려는 거예요.
하지만 자외선을 너무 많이 쬐면 표피 세포들이 심하게 손상되는데, 우리 몸은 그런 세포들이 스스로 죽도록 해요. 이게 바로 햇빛 화상이에요. 햇빛 화상은 너무 많은 자외선을 쪼였을 때 우리 몸이 일으키는 반응이지요.

그런데 왜 세포가 죽도록 하는 걸까요? 우리 몸을 보호하려고 그러는 거예요. 자외선은 세포핵 속의 유전자를 손상시킬 수 있어요. 자외선을 많이 쪼일수록 유전자가 손상될 확률도 높은데, 유전자가 손상된 세포를 그대로 두면 그런 세포들이 점점 많아져요. 그러면 생명을 위협하는 피부암에 걸릴 수도 있으니까 제거하는 거예요.

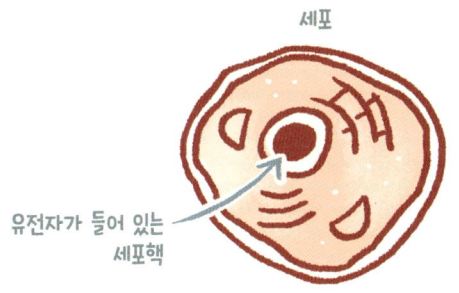

➕ 우리가 할 일

그늘로 피해요

햇빛 아래 너무 오래 있었어요! 피부가 빨갛게 변했다면, 이미 햇빛 화상을 입은 거예요. 햇빛에서 벗어나 피부를 보호하세요. 앞으로 며칠 동안은 그래야 해요.

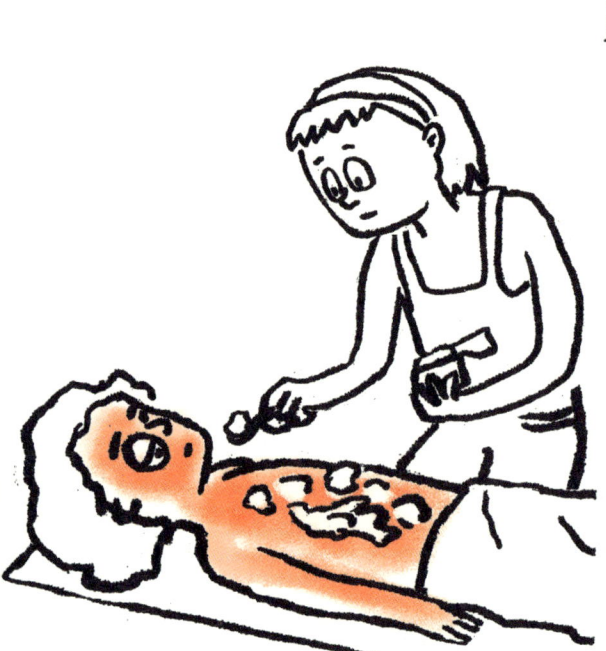

피부를 차갑게 해요

젖은 헝겊으로 화상 입은 피부를 식혀 주세요. 처음에는 미지근하게 시작해 점점 차갑게 찜질하세요. 요구르트나 물컹물컹한 치즈를 발라도 효과가 있어요. 수분 크림을 두껍게 발라도 좋지요.

물을 마셔요

화상으로 피부가 건조해졌으니 수분을 보충해 줘야 해요. 피부가 잘 회복되어 다시 촉촉해지게 하려면 물을 하루에 2~3리터 정도 마시는 게 좋아요.

우리 몸이 하는 일

염증이 생겨요

피부가 자외선에 너무 오래 노출되어서 세포들이 심하게 손상되면, 우리 몸은 그런 세포들을 치료하지 않아요. 손상된 세포들이 죽도록 내버려 두죠. 그러는 동안 피부에 염증이 생겨요. 피부가 빨개지고, 열이 나고, 가렵고 부어올라요.
죽은 피부 세포를 제거하기 위해서 우리 몸은 화상 부위로 피를 많이 보내요. 화상 부위로 영양분과 복구 세포들을 충분히 공급하려고 그러는 거예요.

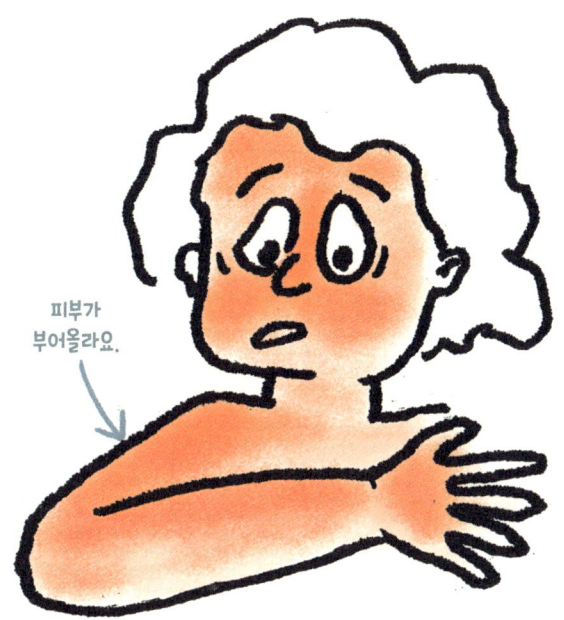

피부가 부어올라요.

죽은 피부 세포들이 떨어져요

피부가 벗겨지면 다 나은 거예요. 죽은 피부 세포들이 떨어져 나가고 새로 형성된 피부 세포가 자라서 그런 일이 생긴 거니까요.
햇빛 화상이 매우 심한 때에는 물집이 생길 수 있어요. 많은 세포가 한꺼번에 죽어서 떨어지면 세포들 사이의 연결이 흐트러져요. 그런 곳에 액체가 모여서 물집에 생겨요.
물집이 생기면 병원에 가서 치료를 받으세요.

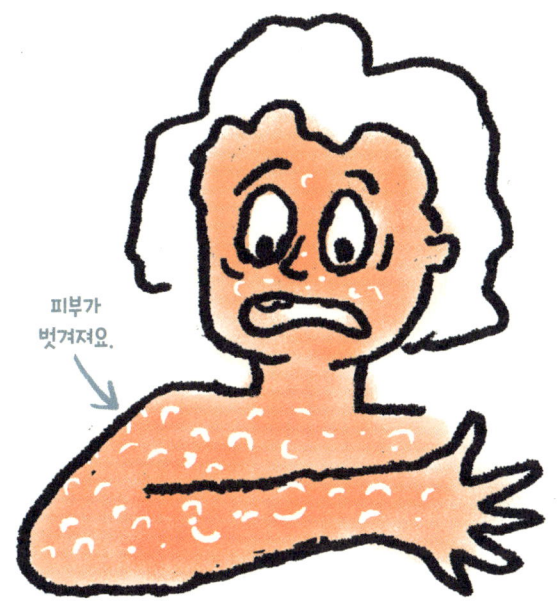

피부가 벗겨져요.

새로운 피부 세포가 생겨요

우리 몸은 표피의 기저 세포층에서 계속 새로운 피부 세포를 만들어요. 새로 생긴 세포는 피부 표면으로 이동하지요. 피부 표면으로 이동한 세포들은 혈관과 너무 멀어서 영양분을 공급받지 못하고 결국 죽어요. 그러면 지방과 단백질이 죽은 세포에 달라붙지요. 아래쪽에서 새로운 세포가 밀고 올라오면 가장 위쪽에 있던 죽은 세포가 떨어져 나가요. 이런 피부 재생 과정은 끊임없이 일어나요. 이와 똑같은 방법으로 햇빛 화상으로 손상된 세포도 새로운 세포로 바뀌지요.

햇빛으로부터 피부를 지켜요

색소 세포는 멜라닌이라고 불리는 흑갈색 또는 붉은 색소를 생산해요. 우리 피부는 햇빛을 받으면 갈색으로 변해 세포핵 속의 유전자를 보호해요. 마치 선글라스처럼요. 하지만 그것만으로는 부족해요.

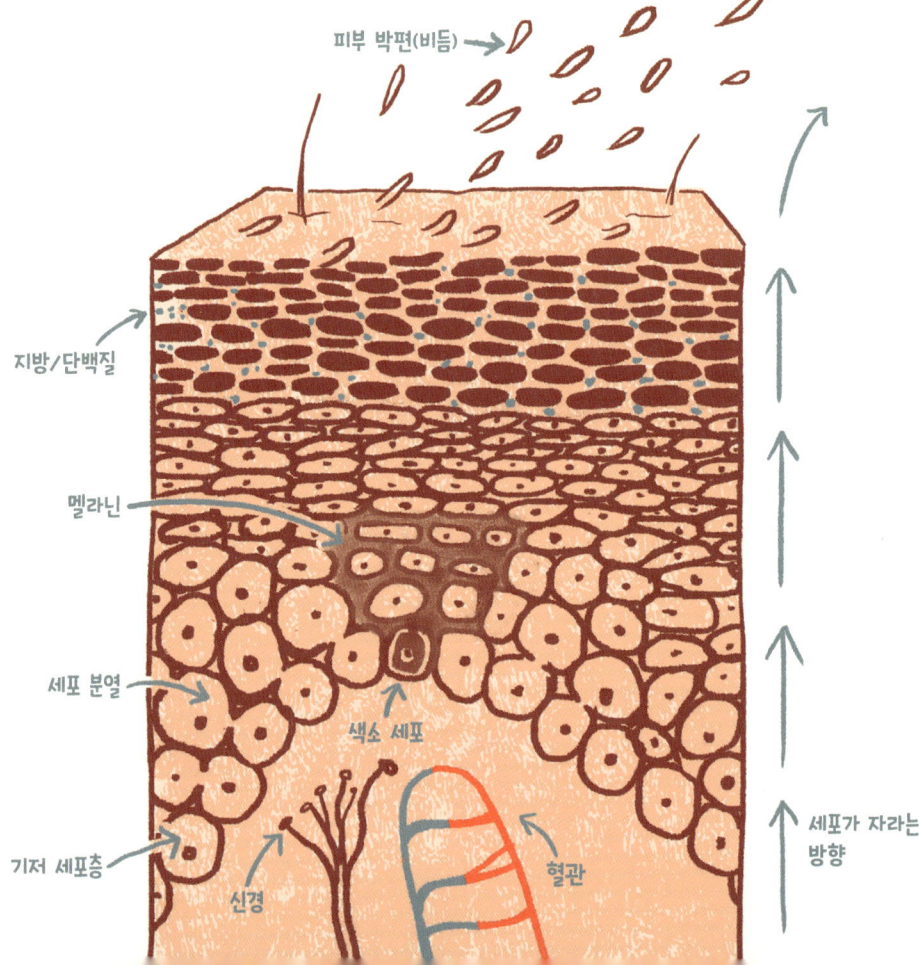

피부를 보호하는 방법

자외선은 오전 11시에서 오후 3시 사이에 가장 강해요. 이 시간에는 뙤약볕을 피하는 게 좋아요. 햇빛을 쬐는 시간을 천천히 늘리세요. 우리 몸의 햇빛 방어 시스템이 가동되는 데 2~3일이 걸리니까요.

어린이들은 자외선 차단 지수가 50+인 선크림을 사용하세요.

선크림을 발라요

미네랄 성분이 들어 있어 자외선을 튕겨 내는 선크림 (이걸 바르면 피부가 하얗게 돼요.)은 바르는 즉시 효과가 있어요. 다른 선크림은 바르고 나서 20-30분이 지난 뒤에 햇빛으로 나가세요.

모자를 써요

자외선을 막는 가장 좋은 방법은 길고 어두운 색깔의 옷을 입고 모자를 쓰는 거예요. 이런 복장을 갖추면 어디를 가든 그늘 속에 있는 것과 마찬가지예요.

선글라스를 써요

눈도 햇빛으로부터 보호해야 해요. 자외선이 눈에도 피해를 줄 수 있으니까요. 선글라스를 살 때는 자외선 차단율이 높은 것을 골라야 해요.

별것 아닌 상처부터 심각한 부상까지

가벼운 고통

좀 아파요
우리는 모두 가끔 다쳐요. 대개는 멍이 들거나 긁힌 자국이 나는 정도지요. 상처가 크지 않다면 숨을 한 번 크게 들이쉬고 스스로 치료하세요.

약한 고통

꽤 아파요

좀 아픈 것보다 더 아파서 아무 생각이 안 날 때도 있지요. 벌이 발을 쏘거나 머리를 살짝 부딪치거나 할 때 말이에요. 이럴 때는 어른의 도움을 받아 상처를 치료하세요.

중간 고통

많이 아파요

이럴 때는 우리 몸이 치료하는 걸 도와야 해요. 전문가의 도움을 받아서 말이에요. 의사가 벌어진 상처를 꿰매야 할 수도 있어요. 우리 몸이 스스로 염증을 이겨 내지 못할 때는 의사가 처방한 약을 써야 해요.

극심한 고통

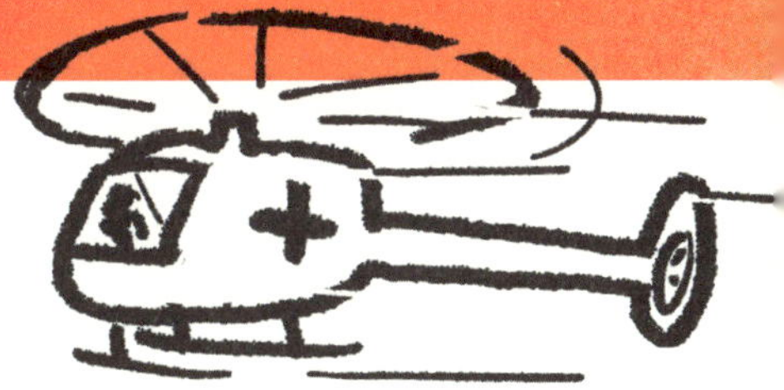

으아아악!

너무 심하게 다쳤을 때, 의식이 없을 때, 고통이 심하거나 피를 너무 많이 흘렸을 때는 즉시 도움을 받아야 해요. 구급차나 응급 헬리콥터를 불러서 빨리 병원으로 가야 해요. 병원에서 의사와 간호사가 부상을 치료하고 나면, 우리 몸이 스스로 회복할 거예요. 지금까지 본 것처럼 우리 몸은 그 일을 정말 잘한답니다!